四海揽秀

河北省城镇面貌三年大变样省外经验借鉴

河北省城镇面貌三年大变样工作领导小组

河 北 省 新 闻 出 版 局　主编

河北出版传媒集团公司

河 北 人 民 出 版 社

序

　　21世纪是城市经济的世纪。打造以"繁荣与舒适"为特征的城市或城市群，已经是全球的强烈追求。中国的城镇化浪潮汹涌，被斯蒂格利茨称为是除新技术革命外另一项影响世界的大事。可以说，城镇化既关系当前又影响长远，既关系总量又影响结构，既关系局部又影响全局，是转变经济发展方式的重要内容，是实现河北全面振兴的重要依托，是促进城乡协调发展的重要途径，是经济和社会发展总体布局中的一篇大文章。

　　位处京畿之地的河北敏锐地感受到了时代的脉动，也深深地感受到了自己的差距。从2008年开始，省委、省政府按照党的十七大"走中国特色城镇化道路"的要求，制定了城镇化建设的战略目标：第一个三年大变样、第二个三年上水平、第三个三年出品位。

　　这个目标宏伟而艰巨，考验着一个省的毅力和智慧。我们首先要做好或者说必须要做好的一件事，就是以海纳百川的胸襟融汇智慧，以大刀阔斧的气魄解放思想。

　　我们如饥似渴地吸收中国乃至世界城市规划建设管理的思想精华，邀请专家学者共商城市发展大计，开展了有史以来最大规模的干部培训，就城市规划、城市集群、城市转型、生态城市、有形文化、城建投融资等重大课题深入研究，一年一度的城市规划建设博览会已经成为国内外先进理念和优秀成果展示交流的舞台。

我们以开放的眼界、开放的思路、开放的举措投身城镇建设实践，放开规划设计市场、资本市场、经营市场、作业市场，不但引进了资金、技术、人才、项目，更重要的是引进了先进的理念、先进的规划设计，打开了城门，也打开了"心门"。

"他山之石，可以攻玉。"我们坚持兼收并蓄，走出去学习先进地区的发展经验。从2008年至今，省和各地市派出42个学习考察团，带着问题、带着思考，有针对性地选取国内先进城市进行学习考察，都形成了具有相当水平的考察报告。这些考察成果，渗透进了河北城镇化的探索与实践，已经或正在转化为城市建设成果。今天，把这些凝结着我们思想与智慧的考察报告整理结集，十分必要也十分重要。这本书里珍藏着当前中国城市规划建设管理的先进理念与做法，涵盖了城市规划、城市功能、城市未来发展等多方面的内容。

揽四海之秀，铸燕赵奇葩。希望这些精粹的经验能为我们的实际工作提供有益的借鉴，更希望由此可以引发我们对河北城市发展的更深刻思考与更积极探索。

河北省人民政府副省长　秦恩华

2011年8月26日

目 录

体制创新推动城市改造更新

——深圳、东莞探索城市建设新机制的做法

2007年3月28日至4月1日，宋恩华副省长率省政府考察团赴深圳、东莞两市进行城市建设专题考察。在深圳市，考察团先后考察了莲花山山顶广场、城市规划展室、市民中心、红树林生态公园、人民南路综合改造、罗湖口岸交通接驳设施、万科第五园和17英里小区、蛇口海上世界酒吧区、华侨城博托菲诺—纯水岸小区、大梅沙海滨公园、梅山苑住宅产业化试点等城建工程，并考察了布吉农产品批发市场、华为技术有限公司、高新技术产业园区、世界之窗等产业项目的规划建设。在东莞市，考察团实地考察了中心广场、松山湖科技产业园、广东生益科技股份有限公司、艾利和电子科技（中国）有限公司、华南Mall主题购物公园、长安镇小城镇建设、咸西村旧城改造等项目的规划建设。两市完善的城市规划运作机制、高标准大手笔的城市建设、精细长效的城市管理、健全的住房保障体系，给考察团留下了非常深刻的印象。

一、完善的城市规划运作机制

在城市规划体系上，深圳市学习和借鉴香港先进经验，结合国家《城市规划编制办法》，将城市规划编制分为全市总体规划、次区域规划、分区规划、法定图则、详细蓝图五个阶段，突出强调了法定图则刚性作用。东莞市根据

《广东省城市控制性详细规划条例》，也突出强调了控制性详细规划的刚性地位。

在城市规划实施上，深圳和东莞两市都成立了制度完善、运作透明的市规划委员会。规委会除审议城市总体规划等全局性重大事项外，主要职能是审批法定图则（控制性详细规划）并监督实施，对城市规划未确定和待确定的重大项目选址进行审议。规委会的组成包括公务人员、有关专家和社会人士，其中明确要求公务人员的比例不得超过1/2；规委会的决策一律实行票决制，每次参加会议的人数必须超过成员总数的1/2，规委会做出的决议必须获得与会人员2/3以上多数通过。

在规划管理范围上，深圳、东莞都坚持城市规划的集中统一管理。各类开发区、度假区、旅游区，包括东莞市的各建制镇，全部由市城市规划行政主管部门统一核发"一书两证"，切实实现了统一规划、统一布局，有效协调了地区之间、项目之间的矛盾，维护了城市的公共利益、长远利益。

深圳市作为经济特区，具有制定地方法规的权力，其城市规划体系显然不能在我省直接套用。但广东省关于控制性详细规划立法，深圳、东莞两市市规划委员会的运作机制，城市规划集中统一管理体制等，都对我省具有一定的借鉴意义。一是着手我省控制性详细规划立法工作。省建设厅已经起草《河北省城市控制性详细规划管理办法》，但由于未能列入省政府法制办立法计划，仍难以出台。目前，国家正在组织修订《城市规划法》和制定《城乡规划法》。新的法律草案吸纳了广东、深圳的部分经验。建议明年无论如何要将《河北省城市控制性详细规划管理办法》列入立法计划，尽快出台，以增强城市控制性详细规划的刚性。二是搞好规划委员会运作工作的试点。目前，保定市规划委员会已经实行票决制，但其工作刚刚起步，需要及时总结经验，完善制度，以在全省推广。三是坚持城市规划的集中统一管理。目前，我省仍有一些城市把开发区实际上游离于城市规划集中统一管理之外，各市县规划管理的实际管理范围一般局限在规划建设用地范围内，不能对城市规划区内的开发区、村庄实行统一管理，不可避免地给城市的统一规划、统一布局造成了隐患。这些问题应该得到及时纠正。

二、规范的政府投资工程建设管理体制

深圳、东莞在政府投资项目建设和管理方面，大胆改革管理体制，不断创新运作机制，取得了明显成效。2002年深圳市成立了管理政府工程的专门机构——建筑工务局，2004年正式更名为建筑工务署。2003年东莞市也在城市建设工程总指挥部和城市建设工作领导小组办公室的基础上，组建了城建工程管理局。建筑工务署（城建工程管理局）是一种有别于企业性质的政府部门的"代建制"：代替政府管理政府投资项目的建设。

东莞市城建工程管理局为市政府直属事业单位，其主要职能是：负责市财政投资的城市基础设施、公共设施以及其他城市建设项目的组织建设和立项、报建等施工前期工作；组织设计单位进行工程项目方案的设计，审核施工过程中的有关工程变更，解决施工有关技术问题；负责组织编制工程项目概算、工程监理、甲供材料采购、工程物探、勘探、测量，签订合同及施工全过程的协调和管理，组织有关单位进行工程竣工验收；负责工程用款的编制和呈批，监督合同执行情况。深圳市建筑工务署与东莞市城建工程管理局职能基本类似，主要增加了经济适用房和其他政策性住房建设的组织实施和监督管理职能。

建筑工务署（城建工程管理局）的成立，使政府投资工程建设管理发生了深刻的变革。首先是解决了投资主体长期缺位的问题。其次是项目投资的规模得到有效控制。再次是有利于建筑市场的管理和规范。政府投资工程的建设管理归口一个部门，通过有效的监督机制和严格的制度化、规范化管理，不但防止了各种不规范行为的发生，而且使政府投资工程成为建筑市场上的"模范"业主。第四是使政府投资工程项目的建设管理更加专业化、科学化。由于专业部门熟悉建设政策、法规，政府投资工程项目的建设管理更加贴近国际惯例和工程建设的实际。类似拖欠工程款、垫资建设等三令五申禁止的问题，在政府投资项目中得到了完全解决。

据了解，深圳建筑工务署从最初的工务局到现在近4年的时间，共接管77项政府投资工程，计划总投资340多亿元，累计完成投资超过百亿元。通过这一运作方式，减少投资近30亿元，工程质量、工期和投资控制取得显著成效，所负

责的工程项目没有发生一起腐败案件。广东省省长黄华华，曾经在《广东纪检监察信息》上批示："深圳市成立建筑工务署，实行政府投资项目统一建设和管理的做法，值得在全省推广……"目前，我省还没有一个城市进行政府投资工程建设管理体制的改革，建议做好试点，逐步向全省推广。

三、科学、严格、精细、长效的城市管理

近年来，深圳在城市管理方式上进行了不懈探索，建立了相对完善的城市管理长效机制。2006年2月，深圳市政府印发了《关于按照科学严格精细长效方针进一步加强城市管理工作的意见》，部署实施三大工程：一是实施"城中村"和社区环境综合整治达标创建工程。目前，特区内60%的"城中村"和30%的社区，特区外20%的"城中村"和20%的社区已经创建达标。预计到2008年底，全市均可实现达标创建任务，做到全市市容环境的全覆盖管理。二是实施数字化城管建设工程。目前，数字化城管系统已经投入运行，实现了城市管理信息的准确采集、网络传输和实时管理，建立了指挥、监督、执行相分离的互动性城市管理架构，形成了统一指挥、监督有力、沟通快捷、分工明确、责任到位、运转高效的城市管理机制。三是实施生态园林城市创建工程。目前，深圳市已经基本建成国家生态园林城市。

其具体做法：一是一家"独唱"变为大家"合唱"。在市容环境管理责任制方面，以六个区为单位，推行了市容环境辖区管理责任制量化考评制度；在"梳理行动"中，他们开展了"无乱搭建街道办"创建活动；在环卫管理方面，在全市开展"鹏城市容环卫杯"评比竞赛；在城市绿化建设方面，开展园林式、花园式单位（小区）达标创建活动；在城市公园管理方面，开展了星级公园创建活动。在此基础上，深圳市还建立了城管监督三级领导巡察制度，把过去城管部门一家"独唱"的局面变为了"一家领唱，大家合唱"的新格局。二是城市公共服务内容市场化。深圳市城管局（执法局）大胆引入市场机制，提高城市公共管理效能，其城市公共绿地管养95%以上实现了市场化，环卫作业也达到85%以上市场化，为政府节省了大量的管理人员编制，也减少了维护费用。三是"软要求"改成"硬指标"。深圳市城管局（执法局）2006年出台

的《深圳市城市容貌标准》，对城市道路、建筑景观、公共设施、园林绿化、广告招牌、城市照明、城市水域、公共场所、建筑工地等方面制定了可操作的具体指标，细化了执行和检查评价标准，覆盖城市容貌的方方面面，使市容市貌的管理评价更加科学、系统、精细，把过去管理上的"软要求"变成了"硬指标"。

目前，我省大多数城市，仍然是经验式、运动式、突击式和粗放式管理，"城中村"和城乡结合部成为城市管理的死角，城市容貌标准失之于软，城市公共服务市场化程度比较低，城市管理基本上是一家独唱的局面，数字化城管工作尚未起步。因此，如何建立长效的城市管理机制，是摆在我们面前的一个大问题。

四、完善的住房保障制度

深圳市保障性住房全部面向低收入家庭，包括三类住房：一是面向住房困难的最低收入家庭，可以申请廉租住房；二是面向收入超过最低生活保障线，但又无力购买经济适用房的家庭，可以申请租住公共租赁住房；三是面向户籍低收入家庭，可以购买经济适用房。除保障性住房以外，深圳市还制定了政策性住房的相关措施，包括两类住房：一是面向市政府重点引进的高级人才和获得硕士以上学位的留学生，可以申请租住高级人才公寓或购买经济适用房；二是面向无房的户籍家庭，可以购置政府限定售价的普通商品房。

对于保障性住房，深圳市坚持八个统一，即统一规划、统一计划、统一标准（其中经济适用房不超过89平方米、公共租赁房不超过60平方米、廉租房不超过45平方米）、统一销售和租赁对象、统一依地段确定价格、统一安排时间销售、统一合同文本、统一产权限制。

深圳市在保障性住房方面，突出强调了加强公共租赁住房（含廉租住房）建设的内容，在政府层面正式提出了住房保障由"以售为主"向"以租为主"转化的指导思想，这标志着深圳住房保障制度建设的重大战略转向，有助于充分发挥政策性住房在平抑、稳定市场中的积极作用。特别是公共租赁住房的措施，对于我省具有一定借鉴意义。

在保障性住房之外，制定和实施政策性住房措施，还有助于地方政府吸引人才。对户籍家庭实行限价商品房政策，有助于解决廊坊、三河、涿州等环京津地区，房价与京津并轨上扬以后的当地家庭住房问题。

五、有利于城中村改造的制度设计

深圳、东莞两市的"城中村"改造进度很快，主要得益于良好的制度设计。一是两市原有农村集体经济组织的资产已经全部改造为股份制企业，均不存在传统意义的农村集体经济，"城中村"改造过程中不存在集体经济资产的纠纷。二是两市原有农村集体建设用地已经转换为城镇国有土地，房屋拆迁有法可依，避免了房屋拆迁安置补偿方面的纠纷。三是深圳市在行政区划上已经取消乡、镇、村的建制，分别改为街道办事处和社区居委会，加之人员构成的变化，农村社区结构发生了很大的变化，增强了村民改造的愿望。

目前，我省"城中村"改造的难点，不只是有的村民不愿改造，主要是农村集体经济资产难于处置、集体建设用地地面附着物补偿标准没有依据或依据不合理造成的。只有解决这些问题，才能在城市规划的指导下，积极稳妥地大面积推进"城中村"改造。

六、住宅产业化和住宅产业循环经济试点有声有色

深圳市国土资源和房产管理局以推动住宅产业化建设为突破口，发展节能降耗产品和节能省地建筑，开展节能、节水、节地、节材和智能化、工厂化以及以环境保护为目标的循环经济项目综合利用。在梅山苑小区示范基地，他们采用新工艺、新技术、新材料、新设备，在屋顶绿化、雨水回收、中水处理、垃圾处理、太阳能利用、智能化等方面进行了广泛的应用试验和试点。目前，示范基地展示的示范项目和技术有50项，正在根据试点经验编写深圳市住宅区雨水收集利用、污水资源化、垃圾资源化、太阳能利用、屋顶绿化等技术导则和《深圳市住宅区节水评估标准》、《深圳市屋顶绿化暂行规定》等文件，以切实起到示范作用，向全市推广。

示范基地之所以成功，有三个好的条件：一是示范基地选择的梅山苑小

区，属于政府具有产权的公共租赁住房，在屋顶绿化、太阳能设置等方面少有产权纠纷。二是政府安排资金投入，用于示范基地的示范项目建设。三是太阳能、污水设备等生产厂家比较集中，也愿意参加试点。

目前，我省住宅产业化具有一定基础，但还没有一个比较完善的示范基地，推广起来更加困难。建议选择1～2个政府具有产权的居住小区，充分动员相关企业参与，安排一定的财力，建成比较完善的示范基地，并及时总结经验，研究制定技术导则和相关规定。对于新建居住小区，可以强制性要求采取成熟的四节措施；对于既有居住小区，可以稳步推广应用。

新理念助推城市建设大跨越

——上海市积极推进国际性大都市建设的经验

2008年1月4日至8日，宋恩华副省长率省政府考察团一行13人，赴上海市进行城市规划建设管理专题考察。考察团听取了上海市政府及规划局、建设交通委等部门的经验介绍，实地考察了上海市轨道交通、松江新城、紫竹科学园、豫园商城旧城改造等城建项目，与上海上实集团股份有限公司、上海珠江投资有限公司、上海现代设计集团公司及ARTX（法国）同轩国际建筑规划设计公司等实力较强的投资公司和高水平的城市规划设计单位进行了座谈。考察团就开展省校合作的有关事宜，与同济大学建筑与城市规划学院进行了初步沟通，达成了合作意向。总体感觉，上海市在城市建设方面具有先进的理念，城市规划设计起点高，基础设施投资大，城市建设发展快、品位高，城市功能完善。

一、基本情况

2001年5月，国务院正式批准的《上海市城市总体规划》（1999~2020年），提出把上海建设成为经济繁荣、社会文明、环境优美的国际大都市，国际经济、金融、贸易和航运中心之一。考虑城市空间发展和重大基础设施建设，严格控制中心城人口规模，确定了加快中心城人口向郊区重点发展城镇疏解、吸引农村人口向新城和中心镇集中的原则。2020年全市总人口为2000万左右的规模，中心城常住人口2010年控制在850万人以内，2020年控制在800万人以内。

着眼于上海和长江三角洲城市群的整体发展，要求统筹考虑中心城、新城、中心镇及一般镇的合理布局和建设发展。中心城建设和发展的目标：进一步优化结构布局，加强生态环境和城市景观建设，推进人口疏解、功能提升、环境改善和景观优化。郊区建设和发展的目标：依托大交通和大产业支撑，充分发挥郊区城镇在人口集中、产业集聚、土地集约利用中的重要作用，集中力量建设新城，规划形成若干个城市功能完善、产业结构合理、2010年人口规模在30万人以上的新城，充分发挥规模效益。中心镇和一般镇建设和发展的目标：结合市级工业园区和高速公路节点、轨道交通站点，充分利用各城镇的历史基础和发展优势，加快推进试点城镇建设，稳步发展中心镇和一般镇，形成一批相对独立、各具特色的小城镇。积极调整规模小、布局散、占地多、环境差的农村自然村落，加快推进农村居民点归并，大幅度减少农村居民点数量，促进人口向城镇集中。

2001~2006年，上海市用于城市基础设施建设的投资累计达到4387.75亿元，占同期全社会固定资产投资的比重为25.5%。紧紧围绕城市现代化发展战略目标，相继建成了一批横跨黄浦江的大桥、隧道、高架桥、高速公路、轨道交通以及国际机场、洋山深水港等标志性重大城市建设工程。2006年，上海市重大工程建设完成投资641.95亿元，轨道交通已发展到近400公里，已达到世界发达城市的水平。同时，注重改善居民的居住条件和环境，2006年全市竣工居民住宅2746.8万平方米，城镇人均住房使用面积达到了22平方米。城市基础设施网络不断完善，为进一步改善上海投资环境、扩大对外开放、增强城市综合功能创造了有利条件。

二、主要做法和经验

上海市城市规划建设管理的做法和经验，归结起来主要有以下几方面：

（一）坚持先进的城市建设理念

在考察中，深深地感到，上海市在城市建设中，坚持改革开放，引入先进的理念，以人为本，重视城市环境、生态和历史文化的保护。一是城市建设中注重城市的可持续发展。在中心城实施了"双增双减"，即增加公共绿地和公共空间，减少建筑总量和建筑容积率，统筹人口规模、建筑总量、功能提升和生态环境容量等要求，促进了城市可持续发展和综合竞争力的提升。占地面积5.8平方公里的世博会项目，涉及展馆建设、园区建设、基础设施建设及交通组织、住宅建设等多个方面。在建设过程中既考虑了建设问题，同时也考虑了借世博会促进发展的问题，在项目安排、生态保护等多方面进行了比选，使世博园项目成为了提升城市基础设施、进一步改善城市面貌的重要载体。二是在城市建设中注重历史文化的保护。这次参观的新天地开发项目，在改造旧区的过程中，注意保留历史文化街区。上海市对中心区12片约27平方公里的历史文化风貌区，632处、2138座优秀历史建筑，144条历史风貌道路和街区实行了保护。三是重视城市景观设计。按照一流的规划理念，对城市户外广告的设置、水系的布局、城市高架桥的景观等均进行了规划。同时，大力推进城市雕塑建设，充分发挥城市雕塑的文化标志和审美引导作用。

（二）基础设施建设先行

针对特大型城市基础设施建设的特点，上海市连续多年不断加大城市基础设施的投资，城市交通、污水处理、绿化等基础设施不断完善。一是抓住主要问题重点突破。针对上海市城市建设中存在的行路难问题，重点进行了道路交通的改善工程。坚持公交优先战略，以轨道交通为主体，建设枢纽型、功能型、网络化的综合交通体系，上海市的城市交通得到了有效改善，基本解决了行路难的问题。二是积极推进重大市政基础设施建设。近年来，对涉及城市发展的重大基础设施，均提出了建设方案，对青草沙水源地、白龙湾、竹园污水厂改扩建等重大市政基础设施建设进行了安排。三是城市旧区改造注重基础设施建设。完成了1000多万平方米的旧住宅区改建。在改造过程中，充分考虑基础设施的建设，使旧区通过改造，不仅改善了城市面貌，而且提升了基础设施水平。

（三）注重发挥城市规划的作用

为全面贯彻实施上海市总体规划，2003年10月，上海市委、市政府召开了规划工作会议，明确了健全规划体系、实施机制和进一步加强管理的工作思路。

一是建立科学合理的规划体系。按照"城乡一体，协调发展"的方针，根据城市总体规划，编制了"纵向到底、横向到边、覆盖城乡"的规划体系。以中心城为主体，逐步形成中心城"多心、开敞"，市域"多轴、多层、多核"的空间总体布局结构。中心城的规划体系包括：6个分区规划、242个控制性单元规划及控制性详细规划。在分区规划中，对总体规划的总量和控制要素进行分解；在单元规划中，进一步明确用地性质、建筑总量、公共服务设施等指标；在控制性详细规划中，对各项规划控制要素作出具体规定。郊区规划体系包括：郊区区（县）域总体规划、新城总体规划和国家及产业园区总体规划；市级产业园区总体规划以及新城、国家级产业园区控制性详细规划；镇（乡）总体规划以及产业园区、中心镇控制性规划。

二是发挥规划在区域协调发展中的引导作用。坚持区域统筹，积极推进长三角地区交通、环境、城镇的一体化发展，规划形成了长三角地区的综合交通网络结构，加强了长三角地区港口、机场等对外交通设施的分工合作，强化了高速铁路、能源通道等区域性设施的规划衔接和控制；坚持城乡统筹，进一步把人口调控、产业发展、基础设施建设、资源利用、环境保护等要素整体纳入规划体系，确定了"1个中心城、9个新城、60个左右新市镇、600个左右中心村"的城乡布局；坚持"三个集中"，即工业向园区集中、人口向城镇集中、土地向规模集中，重点推进新城、新市镇的建设。

三是健全规划管理机制。结合规划工作的实际，实施了项目审批责任人终身负责制、项目报送审批程序制度、项目批后全过程监管制度、日常巡查制度。同时，完善了规委会的运作机制，充分发挥规委会在确定重要城市方案中的协调作用和专家决策咨询作用。

（四）引进战略投资者

上海市在园区建设、旧城改造等项目中，引进战略投资者进行开发建设。如紫竹科技园由上海市闵行区政府、上海紫江集团、上海联合投资有限公司、上海交通大学等共同投资组建，负责园区总体规划设计、基础设施建设，园区建设突出了生态发展、人文环境和产业特色，吸引了大批研发机构和高科技企业入驻。上海新天地太平桥地区改造项目，占地约52万平方米，包括商务、商业、居住、宾馆、旅游文化区等，分期开发，总建筑面积160万平方米，由香港瑞安集团开发建设，注重长远利益和整体改造效果，体现了城市特色。

（五）开放规划设计市场

为提高建设水平，上海市的很多项目，如世博会项目、上海紫竹科学园区等，面向国内外，采取招标的方式确定规划设计单位。在引进高水平的规划设计的同时，也更新了城市建设的理念，促进了城市建设和管理水平的提高。

三、下一步工作建议

从上海城市建设和城市发展的经验看，加快城市建设的发展，必须进一步解放思想，引入先进的城市建设理念，不断加大城市建设的投入，高起点规划，高水平建设，严格规范管理，城市面貌才能尽快发生改变。结合考察的情况，对近期全省城市建设及深入开展城市面貌三年大变样工作，提出以下建议：

（一）组织召开城市可持续发展合作促进会

为推进城镇面貌三年大变样和引进省外战略投资者，2008年5月上旬，在廊坊市组织召开城市可持续发展合作促进会。会议主题是"让城市更美好"，大会由省政府和建设部主办，廊坊市政府和省建设厅承办，相关大企业和协会协办。会议的主要内容：城市建设招商项目推荐、投资洽谈；城市规划设计及建设成就展示，建筑节能减排新技术推介和新成果展示，建设工程新材料、新技术应用展示；城市规划设计、建设、管理论坛、学术交流等。通过会议的形式，为各市、县（市）提供良好的平台，促进省外战略投资者参与基础设施建设、房地产开发，并引进高水平的城市规划和建筑设计单位。

（二）引进一批战略投资者或高端开发企业

选择一批城市的基础设施、房地产开发等建设项目综合打包，引进一批战略投资者或高端开发企业来冀进行投资合作或开发建设。在基础设施建设和房地产项目开发中，采取新的投资合作建设模式，更新开发建设理念，促进城市规划设计水平的提高，加快城市面貌的改变。同时，对一批"三改"工程项目进行整体策划和包装，吸引战略投资者。

（三）与同济大学开展规划和建筑设计方面全方位、多层次的省校合作

一是邀请同济大学建筑与城市规划学院的著名专家，每年来河北进行一次学术讲座，讲授建筑与城市规划方面的前沿理论和先进理念。二是与同济大学开展科研方面的合作，我省提供必要的经费支持，其承担的国家科研项目可以在我省进行调研、试验。三是继续在同济大学组织开展城市规划建设管理方面的干部培训。

（四）加大规划和建筑设计市场开放力度

进一步加大规划编制的资金投入，城市重点地段的详细城市设计和修建性详细规划任务，都要聘请一流的规划编制单位承担。城市重要公共建筑的设计任务，都要采取方案招标、比选等方式，选择高水平的建筑设计单位或聘请设计大师承担。提倡我省规划编制和建筑设计单位与省外高水平的规划设计机构进行技术合作，以提高自身队伍的创作能力。

（五）调整和充实省规划委员会专家咨询委员会

邀请国内知名的城市规划专家，参加专家咨询委员会。今后，省规委每年都要组织专家咨询委员会成员开展一次大型学术活动，并在规划、建筑设计方案审查方面更大限度地发挥专家作用。同时，安排必要的经费，给予这些专家一定的报酬。

（六）组织好城镇化工作会议

贯彻省委七届三次全会、全省经济工作会议精神和省政府《关于加快推进城镇化进程的若干意见》，安排部署"十一五"后三年城镇化重点工作和城镇面貌三年大变样活动。会上，组织各市市长新闻采访和新闻发布会，邀请专家进行讲座。建议现场为上海上实集团股份有限公司总裁马成樑、同济大学建筑与城市规划学院院长吴志强等部分专家颁发省规划委员会专家聘书。

（七）加快污水处理厂和垃圾处理场建设

制定推进污水处理厂和垃圾处理场建设的三年实施方案，并下发各市，对年度工作进展提出要求。研究设立省级污水和垃圾处理工程建设专项补助资

金的办法，对我省未列入国家相关《规划》的污水和垃圾处理项目进行补助。把城市污水和垃圾处理工作纳入干部政绩考核指标体系，实行行政责任追究制度，建立曝光、行政和纪律处罚相结合的责任监督体系。

（八）认真组织开展城镇面貌三年大变样活动

各市、各县（市）、重点镇均制定城镇面貌三年大变样活动的具体方案和年度实施计划。按照科学化、精细化、标准化的要求，对城镇面貌三年大变样活动的内容，逐项细化要求、量化标准。强化工作督导和考核，制定考核办法，建立健全考核的工作机制。

经营城市激发城市建设新活力

——重庆市城市建设投融资体制改革的经验

　　加快城镇化进程，实现城镇面貌三年大变样，须以大投入保障大建设，大建设促进大变化。随着"三年大变样"工作的深入推进，各地的资金瓶颈日益显现。因此，解决钱从哪里来的问题，成为实现"三年大变样"的关键。近年来，重庆市在城市建设投融资改革方面取得了重大突破。2008年8月28日至29日，宋恩华副省长会同省长助理、省金融办主任江波，带领省建设厅、省财政厅、省国土厅及石家庄、张家口、承德市政府有关负责同志，到重庆市专题考察学习了该市城建投融资体制改革工作。

一、改革背景

　　重庆市直辖之初，城市基础设施滞后，加上山区城市旧城改造困难，路桥建设成本高，城市发展缓慢。要破解城市基础设施制约瓶颈，实现大开发、大发展，重庆市面临的首要问题是钱从哪里来。当时包括中央转移支付等资金和全市财政资金在内的政府性投资仅能满足需求的15%左右，大量资金需要通过银行贷款、资本市场融资解决。但2000年，重庆全市贷款余额只有1800亿元，其中不良贷款就有500多亿元，不良贷款率高达30%以上。同时，大量国有资产分散在多个部门，无法形成合力，融资能力低下。在这种情况下，重庆市的银行机构放贷条件都比较苛刻，贷款余额增长缓慢。由于没有有效的城建投融资体制，重庆的城市基础设施建设缓慢，城市改造与建设困难重重。

2002年初，重庆市委、市政府开始实施"金融兴市"战略，目的是通过金融市场的活跃拉动重庆经济的增长。他们认为，当今世界资金流动性过剩问题普遍存在，资金本身供应是充裕的，关键是要遵循资本运作规律，拓宽资金融通渠道，把更多的资金引流到具体的项目中来。因此，必须打造资金洼地，创造良好的融资条件，建立诚信的融资平台，策划并形成一大批投入产出高、市场前景好的产业项目库，用好项目、好信用、好条件吸引各类资金入渝，即所谓"欲取之，必先予之"。在市委常委、常务副市长黄奇帆的具体操作下，重庆市借鉴上海浦东经验，结合当地实际，开始进行大刀阔斧的建设投融资体制改革。

二、投融资平台框架

为了从根本上改革城市基础设施建设投融资体制，提高基础设施、公益设施建设能力，重庆市以资产重组为手段，不断做大做强政府主导下的投融资主体，逐渐将由政府出面举债为主的投资方式转变为以投融资集团为平台向社会融资为主的方式，最终形成政府主导、市场运作、社会参与的多元投资格局。

从2002年底起，不到一年时间重庆市陆续创办了八大国有建设性投资集团（简称"八大投"），分别是重庆市城市建设投资有限公司（简称"城投"）、重庆市地产集团、重庆市水务集团、重庆市高速公路发展有限公司、重庆市高等级公路建设投资有限公司（现为"交旅集团"）、重庆市建设投资公司、重庆市水利投资有限公司、重庆市开发投资有限公司。八个公司均是按照现代企业制度和资本市场要求建立的所有权与经营权统一的产业集团，隶属市国资委，厅局级架构，接受对口部门的行业指导，主要履行政府规划的基础设施建设项目的投融资任务。

与城市基础设施建设关系密切的，一是重庆市城市建设投资有限公司，其定位是城市建设筹融资的总渠道、主城区路桥建设的总账户、承建项目所需土地的总储备；二是重庆市地产集团，负责建设用地征用、土地收购储备和开发整理、耕地占补平衡、廉租住房项目建设、旧城改造建设以及社会文化事业重点项目建设；三是重庆市水务集团，主要对授权范围内的国有资产实施经营管理，特许经营主城区供排水，同时负责国债资金投入建设的自来水厂、污水处理厂的统一使用和配套。其他几家分别负责交通、水利、电力等设施的建设、经营和融资。

与此同时，重庆市设计实行了一套新的管控方式，即"三五三三"原则。

（一）界定投资领域

"八大投"主要投资三个领域：一是关系地方经济安全和经济命脉的战略性领域，需要国有资本发挥主导和支撑作用的地方。二是市场信号缺失、市场机制尚不能完全发挥作用的领域，主要是准经营性城市公共基础设施项目。三是一些纯公益性项目如图书馆、博物馆、体育场等项目。"八大投"通过市场化方式融资，在盈利项目和公益项目之间开展平衡投资。

（二）明确资本来源

按照资源资本化、资金资本化的思路，以"五大注入"充实资本金：第一，国债注入。把分散到各区县200多亿元的几百个国债项目的资金所有权，统一收上来，按项目性质作为资本金归口注入相应的投资集团。第二，财政性规费注入。将路桥费、养路费、部分城维费等作为财政专项分别归口注入投资集团。例如，2002年市政府通过收费改革，把过去由多家分别投资的收费路桥的市票改为联票，使城投公司获得了重庆主城区7座收费桥梁和371公里收费道路的统一收费经营权。第三，土地储备收益权注入。赋予部分投资集团土地储备职能，将土地增值部分作为对投资集团的资本金注入。第四，存量资产注入。将过去几十年形成的上百亿元存量资产，比如路桥、隧道、水厂等，划拨给各有关投资集团，成为投资集团的固定资产。第五，税收返还。通过对基础设施、公共设施项目实施施工营业税等方面的优惠或税收，作为资本金返还给投资集团。"五大注入"总体上给八大投资集团带来了700多亿元的资本金，使其资本实力在短时间内迅速壮大，获得银行2500多亿元授信额度和1000多亿元实际贷款。

（三）建立风险防范机制

用"三个不"构筑防火墙：第一，财政决不为投资集团作融资担保，政企之间必须保持严格的界限，防止财政债务危机。第二，投资集团之间不能相互担保，避免造成大面积金融风险。第三，各投资集团的专项资金不能交叉使用。财政拨付的专项资金使用范围受财政掌控，必须专款专用，不准交叉使用、互相挪用。

用"三大平衡"原则指导企业经营：第一，净资产与负债的平衡，即争取把资产负债率控制在50%左右。第二，集团现金流的平衡。搞好现金调度，实现现金流的良性运转，保证企业正常运转。第三，投入与产出或资金投入与来源要平衡。投资集团在接受政府部门下达的具体投资建设任务时，必须要有相应的资金注入或者通过特定的盈利模式回收投资，避免出现大的融资困难或信用危机。

由于"八大投"全部是国有企业，政府在控制企业主要人力资源配置的基础上，按照"三五三三"原则对企业进行管控，既能增强"八大投"的资产、资本实力，提高其投融资能力，又能突出政府的主导作用，规范其投融资行为。在市级投融资平台形成后，为充分发挥其融资功能，形成合力，各区县也先后成立了城投公司，形成了次级投融资平台。

2004年，在"八大投"之后，重庆市又组建了渝富资产经营管理公司，是政府完全控股的国有独资公司，资金来源于政府持有的国有股权和国有土地资产。主要职责是打包处置国有企业不良债务和资产重组，承担国企破产、环保搬迁和"退二进三"的资金托底周转，以及对地方金融和国企进行战略投资、控股。

"八大投"和渝富的成立是重庆城市建设投融资的重大突破。其意义在于：在政府的主导下，企业成为建设投融资主体，通过合理的资本聚集，形成诚信的融资平台，将分散的资源、资产、资金整合转化为资本，形成了规模优势，大幅度提高了融资能力和信用度，实现城市短时期内的大建设、大发展。

三、运作模式及成效

近年来，重庆市加快对外开放步伐，以八大投和渝富为平台，充分运用直接融资、间接融资、引进外资等多种渠道，"用时间换空间"，打建设与投入的时间差、空间差，用明天的钱办今天的事，用别人的钱办自己的事，用零散的钱集中办大事，城市建设投融资工作水平不断提高。他们主要采取了以下几种运作模式。

（一）以土地一级开发权为轴心的土地融资

市政府赋予地产集团、城投公司市级土地储备中心职能，并允许其他投资集团以项目换土地，以土地作为资金储备，实施局部或单项的土地储备和周转，使其通过土地收益平衡重大项目投融资。基本过程是：投资集团根据项目情况"倒算账"，拟定用土地平衡投资的资金平衡方案，市政府依据方案划定特定区域土地，委托投资集团进行土地整理储备。生地变成熟地后，进入土地市场实行招拍挂，土地净收益由财政拨付给投资集团，用于项目投资，实现滚动开发和总体资金平衡。

以重庆城投为例。2002年以来，该公司通过政府规划储备征地、搬迁污染企业、收购破产企业和"四久"（指久划不拆、久拆不完、久拆不建、久建不完）工程项目土地等多种方式，储备土地近7万亩，每年土地变现25亿元。公司总资产由当初的20亿元增长到560亿，净资产达200多亿。几年来，累计筹融资500多亿元，投资重点市政公用项目60多个，为城市建设改造作出了重大贡献。

（二）以盘活存量资产为目的的"渝富模式"

市政府将国有土地和股权划归渝富公司作为经营资本，渝富公司以此作抵押向国家开发银行获得流动资金贷款，以贷款资金"打包打折"收购国有企业在银行的不良债务，然后再与企业协议，由企业以土地等资产作价回购债权。渝富公司在获得土地后，经过土地划拨改出让等方式，将土地出让收回资金并实现大幅增值，盘活了国有存量资产。成立以来，渝富共处理债务和不良资产近300亿元，并且每年为地方国企的搬迁和重组提供近30亿元周转资金，极大地促进了主城区老工业企业的"退二进三"、资产重组和改造升级。同时使地方金融机构不良贷款率和企业资产负债率大幅降低。

（三）以BOT、BT、TOT等为主要形式的项目融资

为多渠道吸引外资、内资和社会资金参与城市建设，重庆市积极采用BOT、BT、TOT等多种融资方式。重庆菜园坝长江大桥采用了BT模式，即"建设—移交"模式。政府在大桥建成前不投入建设资金，由重庆城投公司自行筹集全部资金建桥，工程建成后，再由市政府连本带息以双方同意的分期付款形式补偿该公司，回购大桥所有权和使用权。以BOT形式建设的嘉陵江大桥、重庆地铁等也是项目融资的成功案例。

（四）以股票、债券、信托等为手段的证券化融资

一是积极推动大型国企集团整体上市，通过股权融资。目前，城投公司控股的渝开发有限公司已是上市公司。水务集团通过与世界500强企业法国苏黎世水务集团合作，正准备上市。二是大规模发行企业债券用于市政建设，已累计发行企业债券100亿元，正在申请发行95亿元，成为西部地区发行企业债券最多的省市。三是充分利用信托、市政资产证券化等渠道。重庆市危旧住宅改造工程所需资金的一大块是通过信托计划融通的。2007年重庆市通过"政府采购、分期付款"的方式对特定的市政资产进行证券化操作，在银行间市场定向发行资产支持证券，融通到50亿元。四是对基础设施收费权和收益权进行质押登记，成为第一个创新开展此项工作的城市，收费（益）权质押合同贷款100多亿元。

通过几年来的运作，"八大投"和渝富在重庆经济社会发展中作用越来越突出，体现在四个方面：①重大基本建设项目的支撑。八大投资集团承担了全市75%的重大基础设施建设任务，其中99%为政府投资项目，成为重庆市基础、公益设施建设的中坚力量。②政府调控建设投资的工具。近几年，重庆市进行大规模的建设，实现了高速度发展，仅2007年投资规模就突破3000亿元，但市级财政债务没有增加。③优化金融投资环境的良方。这几年，重庆金融事业健康发展，不良资产率大幅下降，银行贷款余额增长，金融工具不断创新，均与各大投资集团发挥的作用息息相关。④国有经济整体发展的催化剂。目前，重庆市八大投资集团资产规模达到2200亿元，资产负债率已下降到60%左右。"八大投"的快速发展、迅速壮大，不仅增强了国有资本控制力、影响

力，还带动了地方经济的整体提升。

四、基本特点

重庆市城建投融资体制改革的过程可归结为：搭建一个平台，即以资产重组为手段，做大做强政府主导的投融资主体，并赋予融资、建设运营、国有资产保值增值三项职能；开放三个市场，即城市建设资本市场、市政基础设施经营市场、市政公用事业作业市场；健全两个机制，即财政资本金注入机制、市政公用事业价格调节机制；实现三个转化，即自然资源资产化、存量资产资本化、行政资源一体化。从中可以发现，整个过程调动了几乎所有的政府资源，突出表现出四个特点：

（一）高位运作是前提

市委、市政府主要领导十分重视投融资体制改革的政策引导和发展指导，心往一处想、劲往一处使，共同研究部署改革总体方略，制定出台了《重庆市十五期间投融资体制改革工作意见》等一系列政策文件；政府常务副市长亲自谋划设计，在每一个操作环节主动协调各方，最终形成了上下认识一致、部门合力支持的大环境，为改革的顺利进行打下了坚实基础。

（二）土地垄断是核心

根据按规划、带项目、批土地的操作程序，对土地进行切块管理。实行"铁腕政策"，建立"一个渠道进水，一个池子蓄水，一个龙头放水"的土地统一供应机制，只要未来有升值空间的土地，政府就进行规划收储，决不随意出让。土地一级开发市场全部由几大投资公司控制，实现100%收储，政府完全垄断，并及时调整土地基准地价和出让金标准，加强政府对土地的综合调控，使有限的土地焕发出无限生机。

（三）财政注入机制、价格调节机制是重要手段

政府持续向投资公司输血，将资源、资产、资金整合转化为企业资本，使其融资信誉和银行贷款额度不断提高。例如，市政府从2003年开始，每年由市建委、市财政、市发改委向城投公司注入资本金2.5亿元，年递增10%，共15亿元，从2008年开始注入资本金3亿元，年递增10%，连续5年。市政府严格规

定，归口注入投资公司的各项规费收入和土地增值收益，必须在一周之内转入公司账户。充分运用价格调节机制，加大城市建设市场化运作力度。两次调整主城区配套费征收标准，由过去每平方米44.28元提至目前的190元，年征缴总额大幅提升，2007年一年就收缴30亿元，缓解了财政性城建资金压力。适时调整用水价格，平均提高0.75元，使供水企业资产质量迅速好转。

（四）行政资源一体化是保障

打破部门分割，将分散的政府资源进行最大限度的优化、整合与重组，使政府的国有资产所有者职能与社会公共管理职能得以有效区分和剥离。一是理顺管理体制。各投融资公司从行政、事业单位分离出来后，统一按国有资产管理办法，调整隶属关系，归口国资委管理，业务对口部门只负责项目指导，不直接运作项目。二是建立分工负责制。每年对改革所涉及的重点工作进行责任分解，明确任务和责任；有关部门各司其职，互相配合，行动一致。三是创新考核方式。实施针对投融资公司管控模式的绩效考核方式，不单纯考核企业当年盈利，不以国有资产保值增值为唯一目标，更侧重于考核完成融资和投资额度、政府交办城市建设项目的进展。

自2002年以来，重庆建设投融资体制机制不断完善，全市投融资规模不断扩大，投融资质量和水平明显提高。全市存贷比由原来的不到50%，提高到目前的78.8%。"十五"期间完成固定资产投资6695亿元，是"九五"的2.78倍。近两年，共完成固定资产投资5613亿元，是"九五"时期总和的2.3倍。2008年1~7月份，完成固定资产投资1780亿元，同比增长30%。大投入保障了大建设、促进了大开发。几年来，重庆城镇面貌发生了翻天覆地的变化，城市基础设施日益完善，功能分区不断科学，产业布局逐步优化，城市品位和现代魅力得到充分展现。

"八大投"模式，引起了世界银行的浓厚兴趣。世行出资10万美元进行专题研究，认为这一模式将会成为发展中国家城市建设重要模式，对于中国乃至世界具有较大参考借鉴价值，并正在考虑与八大集团开展合作，进行股权投资。

五、工作建议

近几年来，我省各地也相继成立了城投公司，作为政府投融资的平台，但与重庆市相比，普遍存在公司架构低、管理体制不顺，规模小、资本金不足、融资能力低等问题，只起"引血"、"输血"作用，没有"造血"功能。我省的城建投融资体制改革尚未真正破题，或者说尚处于改革的初级阶段，离形成投资主体多元化、投资方式多样化、资金来源多渠道、投资决策科学化的投融资新格局还有很大差距，远远不能满足城镇面貌三年大变样的资金需求。因此，继续深化我省城市建设投融资体制改革，意义重大，形势紧迫。

建议省政府由主管省长牵头，相关部门参加，抽调精干人员，聘请国内知名投融资管理咨询公司，就我省城市建设投融资现状开展调查研究，查找问题，提出对策，形成调研报告；在此基础上，研究制定《关于加快推进城市建设投融资改革工作的实施意见》，指导各市按照现代投融资体制规范运作，使各市城市建设投融资走上良性、健康、可持续的轨道，保障三年大变样目标实现，加快我省城镇化进程。

坚持走工业化与城市化互促共进之路

——湖南省推进长株潭一体化发展的经验

2009年10月16日至18日，副省长宋恩华带领省政府研究室、省住房和城乡建设厅以及沧州市政府有关负责同志，赴湖南省就长株潭城市群和城乡建设工作进行考察学习。考察团与湖南省政府座谈交流，实地考察了长沙、株洲、湘潭三市城乡建设情况。这次考察突出感受到，湖南省坚持走新型工业化和新型城市化互促共进之路，宏观层面理念新、气魄大，微观层面抓得细、抓得实。如今，一片片新区、开发区呈组团式拉大着城市的框架，城市发展日新月异，一个具有国际品质的一体化生态型城市群正在加速崛起。

一、五同共进，加快推进一体化进程

城市群是城镇化发展形态的新选择，已经成为我国新一轮财富增长的战略平台。湖南省早在1997年就作出长株潭经济一体化战略决策，并逐步向周边拓展延伸，目前已形成以长株潭为核心的"3+5"城市群的整体框架，2007年被批准为全国资源节约型和环境友好型社会建设综合配套改革试验区。在核心区长沙、株洲、湘潭三市，加快推进"交通同环、电力同网、金融同城、信息同享、环境同治"。把交通作为缩短城市群时空距离的重要环节，重点建设"七纵七横"城际主干道，作为试验区启动建设的标志性工程，南北向芙蓉大道、

东西向红易大道于2009年12月建成通车，长株和长潭之间的通行时间减少1/3。2009年1月1日，长株潭三市取消手机用户市际通信长途费和漫游费，6月28日固话正式并网升位、统一区号，在全国地级城市首开先河。

长株潭一体化历经12载，关键是把战略逐步化为战术实施，才得以突破和起飞。我省城市群发展在战略层面上已比较成熟，亟待实施战术性突破。我省要以加快壮大中心城市作为战略节点，并梯次推进中等城市和小城市建设，促进城市群发展。统筹安排跨区域基础设施建设，搞好空间和环境管制，建立区域协调机制，统一协调地区、部门等各方关系，提高区域资源配置效率。

二、扩区扩城，拉大城市发展框架

城市规模是构成城市竞争力的重要因素。长沙、湘潭等市抓住建设"两型"社会试验区的历史机遇，按照相向发展的思路，大手笔谋划建设新区，实行成片区、综合性开发，拉开城市框架。长沙市以湖南省政府南迁为契机，在城市南部规划1776公顷地块，高品质打造天心区国家级生态区。湘潭市有计划地每年将两个乡镇纳入城市发展框架，使城区规模不断扩大；建设河东新城区，使整个城市的功能、形象、品位有较大提升；建设138平方公里的九华示范区，引进入园项目137个，总投资超过400亿元。

目前，我省正在努力做大做强中心城市，湖南省扩区扩城、扩大城市规模的做法，对我省有直接的借鉴意义。要进一步调整完善城市空间发展战略规划，突破现有人口和地域限制，逐步将设区市周边一定范围内的县（市）纳入中心城区规划，加快发展卫星城市，形成一体化发展、同城化管理的格局。

三、四规合一，完善城市规划体系

湖南省重视相关规划之间的衔接。长株潭区域总体规划，确定了"一心两轴两带"整体布局，2020年核心区规划面积达到1300平方公里，规划人口达1100万人。长沙市在总体规划修编中，不但考虑了到2020年500万人口规模的城市发展，而且考虑了到2030年800万人口规模的城市发展。同时，将城市规划与土地利用规划、产业发展规划、环境保护规划紧密衔接，四张图合一，使城市发展更具科学性和操作性。

目前，我省基本完成新一轮城市总体规划修编。全省要着眼于城市长远发展，超前搞好远期城市发展的规划战略研究。石家庄市要按照500万人口规模搞好规划用地、产业布局、空间管制、环境保护等规划研究，其他市也要开展相应工作。各市要确定课题，明确责任单位，尽快出成果。

四、节约用地，充分挖掘地下空间

土地是困扰城市建设和经济发展的最大瓶颈。长沙市作为全国"两型"社会试验区，注重空间资源有效整合和土地资源的集约利用，把城市发展空间向地面和地下双向延伸，提高了单位土地利用强度。武广客运专线长沙新客站建设，充分利用地下空间，汇集地铁、公交等城市交通干线，建成后将实现真正意义上的"零换乘"。新河三角洲片区开发建设运用人车分流的节地模式，将地下负一、二层规划建设成交通、商业、停车场，地上实施整体绿化，成为全国节约集约用地示范工程。

我省城市建设中开发利用地下空间是一个大课题，要提倡向地下要空间的理念，最大限度地节约集约利用土地。石家庄、唐山等大城市要及早谋划建设地铁及其他形式的快速轨道交通，其他中心城市要规划建设地下空间利用项目，集商业、文化、休闲、交通和防空防灾为一体，提高土地利用效率。有条件的城市可推行CBD建设模式，实施政府主导下的土地开发、人车分离的交通规划、多样化的商务空间设计、完善的设施服务，全面提升城市建设品位。

五、恪求精细，强化景观环境整治

株洲市围绕建设以新型工业文明为特征的现代宜居城市，将城市管理向细微之处延伸，实施了小街小巷整治、主次干道沥青路面改造、架空线入地、人行道板改造、"穿衣戴帽"五改工程，呈现出干净、整洁、有序新面貌。在小街小巷整治中，统一规划改造道路、绿化、景观和建筑立面，使广大市民都能享受到城市发展带来的新变化。行政机关带头彻底拆除围墙、护栏，使院内绿化与周边环境融为一体，最大限度地拓展了公共空间。实行公用事业市场化运作，将道路清扫保洁权承包给多家公司，实现了专业化作业。

我省正在谋划开展市容环境综合整治与景观建设，要加快制定和完善标准、导则、规范等技术支撑体系，分类开展专项治理活动，实施大气污染治理、河湖水系治理、园林绿化提升、环境卫生整治、街道景观美化、城市交通畅通等六大工程，把整治工作做细、做精、做美。进一步延伸拆墙透绿内涵，全面拆除城市护围护栏，拓展城市公共空间。

六、高端运作，打造城市投融资平台

长沙市经多年摸索，已由最初的土地抵押、财政担保发展到打造投融资平台的新阶段。为提升投融资平台的综合实力，对原有平台进行整合，成立了长沙城建投公司，注入有效资产，增强融资能力，2009年到位资金97亿元。完成了轨道集团融资平台的组建，并成功签订融资框架协议资金126亿元，实现融资55.7亿元。在项目融资上进行了实质性探索，轨道交通1、2号线与建设银行总行签订了126亿元合作框架协议，已到位贷款资金40亿元。拓宽了融资渠道，二环线资产证券化已全面落实，首期已到位资金18.41亿元；城建投着手发行10年期20亿元企业债券，2009年年底资金可到位。

我省正在推行城市建设投融资体制改革，关键是建立城市资产与资源注入机制，扩大融资平台资产规模，提高运营能力。建立城市规划与土地储备相结合的联动机制，政府垄断上地一级市场，实行"净地"出让。要依托项目开展融资，搞好项目包装，用大的项目带动平台的发展壮大，尽快改变"贷款机器"的现状。拓宽融资渠道，积极采用BT、BOT、TOT、PPP以及发行债券、股票上市等多种方式，进行城建项目融资。

七、文化引领，塑造城市品牌特色

湖南省文化底蕴深厚，素有"唯楚有才"的美誉。各市普遍打响文化品牌、塑造城市特色，湖湘文化精髓得到充分继承和发扬。长沙市湘江风光带融自然与文化、历史与未来于一体，以高起点规划、高水平设计和高质量施工打造亮丽的城市品牌，体现了江水两岸相互映衬的独特景色。由此，长沙市荣获

中国人居环境奖水环境治理优秀范例城市称号。湘潭市结合白马湖渔场环境整治，建设开放式文化公园，用精巧的环境艺术设计，配以纪念馆、雕塑等要素，将白石老人曲折人生和文化精髓融于公园，成为湘潭城市文化的窗口。

全面提升城市文化品位，是三年大变样题中应有之义。要结合市容环境综合整治与景观建设，启动城市主题文化研究，鼓励和引导更多的作家、画家、雕塑家等艺术界的英才参与到这项工作中来。要搞好自然环境特色营造，引入"山水城市"、"生态城市"理念，加快城市河湖水系环境综合整治，打造近水、亲绿、宜人的开敞空间。要搞好人文环境特色营造，深入挖掘和提炼城市历史文脉，塑造独具个性的城市形象。要搞好城市形象设计，按照彰显大气、恪求精细的思路，处理好城市空间关系。

打造山清水秀的园林城市

——广西壮族自治区"城乡清洁工程"的丰富内涵

2009年11月19日至22日，宋恩华副省长带领省住房和城乡建设厅厅长、环境保护厅厅长，张家口、秦皇岛、保定、沧州市政府主管市长及相关同志，赴广西壮族自治区就城市建设工作进行了专题考察。考察团先后实地考察了南宁、柳州、桂林三市，就城市容貌环境整治和景观建设与广西壮族自治区政府、南宁市政府、柳州市政府进行了座谈，听取了广西华蓝设计（集团）有限公司董事长雷翔关于标志性建筑的专题讲座。

一、主要情况

2006年9月以来，广西壮族自治区党委、政府在全区范围内组织实施了以加强城乡环境卫生和城乡容貌秩序管理，改善城乡人居环境为主题的"城乡清洁工程"，城市形象显著提升，居住环境明显改善，有力地推进了"富裕文明和谐新广西"建设步伐。

（一）深入实施"城乡清洁工程"，实现"山清水秀地干净"

一是突出工作重点，集中整治"五乱"。广西"城乡清洁工程"坚持以治理"摊点乱摆、车辆乱放、垃圾乱扔、广告乱贴、施工乱象"为突破口，以抓城乡结合部、小街小巷、江河湖塘、城中村、市场、铁路公路沿线等地段为重点，以建设示范集贸市场、示范道路、示范小街小巷、示范乡镇、示范社区为导向，采取"拆、建、调、改、堵"等标本兼治的有效措施，有效解决了城市管理的"老大难"问题。

二是坚持以人为本，解决热点难点。广西开展"城乡清洁工程"始终把群众最关心的、最希望迫切解决的热点难点问题放在第一位，深入整治"五乱"现象，提升群众人居环境质量。坚持疏堵结合与便民利民的原则，加快集贸市场建设，合理设置临时市场，提供规范、低门槛的经营条件，引摊进场，方便群众生活。加快停车场的建设，积极推进立体停车空间的开发与利用，加强垃圾桶、公厕、垃圾收集站、污水管网建设，不断完善城市服务设施功能。在整顿市容市貌过程中，对无固定经营场所的低收入经营者、下岗职工、残疾人员、返乡民工等困难人员的生产生活问题要高度重视，通过合理设置一些过渡性临时市场、便民农贸经营场所、小型专业服务市场等，确保群众充分就业。这些做法妥善解决了群众最关心的热点难点问题，使"城乡清洁工程"成为合乎民心，顺乎民意的德政工程、民心工程。

三是注重标本兼治，建立长效机制。广西壮族自治区先后出台了《关于深入实施城乡清洁工程的决定》及《深入实施城乡清洁工程规划（2007~2011年）》、《实施"城乡清洁工程"奖励办法》等10个配套的政策文件，明确了目标、任务、措施、考核、评比、监督等一系列比较完整的规章制度，为实施"城乡清洁工程"提供了制度保障。各级政府多措并举，加大投入，省财政划拨安排专项经费，动用省长预备费，为实施"城乡清洁工程"提供了资金保障。广西壮族自治区建设厅作为牵头部门，从各地抽调100多人成立了督察队、督导组和专项检查组，加强了对全区各地的督察、检查与指导工作，对不作为者提出相应的问责建议，形成上下一致、左右协调、一级抓一级、层层抓落实的工作机制，造就以管理作手段、以机制作保障、以督察作后盾的长效机制，为实施"城乡清洁工程"提供了组织保障。

四是严格问责制度，狠抓落实到位。为保证"城乡清洁工程"抓出切实成效，广西建立了严格的督察问责机制，将"城乡清洁工程"工作纳入干部年度目标考核进行考核，对环境整治不力，影响城乡环境卫生面貌改善的相关部门及个人，进行行政过错责任追究。为保证督察到位，建立了以行政、媒体和群众举报为框架的三个层次的督察体系，及时受理群众投诉，广听群众意见，接受媒体监督。严格落实"督察指导—整改—反馈—再督察指导—再整改—再反馈"的督察流程，加强督察，严格考评，通过"黑鱼效应"，激活带动各地实施"城乡清洁工程"。据了解，自开展"城乡清洁工程"以来，全区已先后对100多名工作不力的干部进行了严厉的问责，并作出了相应的组织处理。

五是注重升级提档，改造城乡风貌。在开展"城乡清洁工程"的基础上，2009年7月，广西壮族自治区党委、政府出台了《关于开展城乡风貌改造的若干意见》、《广西城乡风貌改造工作实施方案》、《全区城乡风貌改造工程一期工程实施意见》，决定用3年时间实施以改造"竹筒房"为重点的城乡风貌改造工程，加快形成以蓝天白云、青山绿树、碧水红瓦，民族和地方特色凸显的壮乡建筑风格。从2009年开始，广西壮族自治区本级财政安排一定额度的城乡风貌改造专项资金，同时整合各部门资金，推动城乡风貌改造工作的开展。桂林实施大面积城市立面改造、违法广告拆除，彰显了民族特色和生态山水特色。南宁致力于打造现代生态宜居城市，2007年获得"联合国人居奖"，2008年获得"全国文明城市"称号，是全国唯一同获两殊荣的城市。

（二）依托自然资源优势，打造独具魅力的城市特色

南宁极力打造"中国绿城"、"南方水城"。南宁一直以绿化率高而闻名。早在20世纪90年代，南宁就凭借四季如春的气候，丰富的自然资源，确立了"中国绿城"的城市定位。为了打造"中国绿城"的品牌，南宁不遗余力。通过城市建设与改造并举，致力于建设绿色通道、营造绿色环境、发展绿色经济、锻造绿色文明，以山、河、湖、溪为依托，做好"绿、树、山、水、气"五篇自然资源文章和"新、亮、洁"三篇市容环境文章，每年植树200万棵以上，积极推进"百里环城森林生态圈"和青秀山、五象岭森林公园建设，整治南湖、朝阳溪及18条内河，建设民族大道等园林景观大道、精品街、公共绿地。"半城绿树半城楼"成为"中国绿城"的真实写照。2009年，南宁又针对"青山环抱、邕江穿绕、河网密布"的自然特征，提出了投资300亿元，打造

"中国南方水城"的宏大构想，凸显城市水资源的特性、水生态的环境质量和城市水景观的品质，构建"青山为屏、邕江为带、山水相衔、绿羽成脉"的绿地系统结构，营造"山、水、绿、城、人"和谐共处的城市人居环境，建设"水清、岸绿、景美、游畅、宜居"的滨水生态城市，创造独具魅力的"中国绿城"和"中国水城"双城形象。

柳州极力打造工业型山水园林城市。"四野环山立，一水抱孤城"是柳州的地理特征。"越绝孤城千万峰"，"江流曲似九回肠"，将柳州的城市形态描述得淋漓尽致。柳州大做柳江文章，实施"显山露水"、"灰山变绿"、"污水处理"、"河道整治"、"城乡清洁"、"夜景灯光"六大工程，打造"百里柳江、百里画廊"，营建悠远山水园林画境，建设"山水园林在城中，城在山水园林中"的山水园林城市。柳州已成为工业城市中园林工作的佼佼者。

桂林极力维系自然山水格局。桂林山水甲天下。桂林着力打造现代化国际旅游名城、历史文化名城和生态山水名城，通过连江接湖、显山露水、清淤截污、引水入湖、修路架桥、绿化美化等措施，倾力打造了"两江四湖"等一批重点工程，成为集名树、名花、名草、名园、名桥于一体的园林博览园，澄碧的湖水、摇曳的枝头、奇特的山峰构成了今天的桂林水系。为维系自然山水格局，桂林加强了对城市建筑物的高度控制，一般情况下不超过8层，真可谓是"山在城中，楼在山中"。漓江，是桂林山水的灵魂。桂林着重建设和保护着这一风景名胜。水依山而娇媚，山恋水而动人，山环水绕，山水相伴，如诗如画的漓江，使桂林山水举世无双。

（三）巧借中国—东盟博览会平台，助推城市建设快速发展

一是促进了城市基础设施建设。一年一度的中国—东盟博览会给广西带来前所未有的发展机遇，北部湾经济区迅速崛起大大加快了城市基础设施建设步伐。南宁至吉隆坡、曼谷等多条国际航线相继开通，促进了会展服务、宾馆接待、餐饮、旅游、航空、通讯等服务业加快发展。拥有3300个国际标准展位的南宁国际会展中心、荔园山庄接待中心等一大批公用设施，与中国—东盟经济园、中国—东盟物流园、中国—东盟商务区等相配套，成为城市发展的重要支撑。

二是促进了城市景观建设。南宁国际会展中心、广西体育中心、地王大厦成为区域性标志物，南湖广场成为标志性的区域，柳州启动了交通、景观、文化、体育等方面的"十大精品工程"建设。南宁市政府出资对全城大部分桥梁及近百栋高楼进行豪华装饰，营造出绚丽多彩的城市夜景。柳州柳江两岸青山兀起，千姿百态；江上大桥，风格各异；蟠龙山人工瀑布，在五彩斑斓各色灯光的装饰下显得格外美丽灵动。两江四湖万盏齐明，灯火阑珊，飞湍瀑流，奇峰倒影，双塔映月，桥跨银河，更添山水园林意境。这些标志性建筑、标志性区域，促进了城市形象整体跃升。

三是促进了城市文化载体建设。阳朔老城已成为具有国际魅力的旅游名城，李宗仁故居、胡志明故居、徐悲鸿故居得到有效保护，广西民族博物馆成为展现广西各民族文化与艺术的重要场所，柳江奇石馆成为展现广西乃至中国奇石文化的专业场所，阳朔印象刘三姐是全世界最大的山水剧场，成为世界旅游组织目的地会议、最佳休闲度假推荐项目，吸引着东盟各国领导人和世界各地众多游客前来观看。

四是促进了城市管理水平提升。南宁市以"资源整合、信息共享；统一监督、两级指挥；重心下移、四级联动；综合执法、全面覆盖"为目标和模式，采用万米单元网格管理法，积极推进数字化城市管理，实现城市管理监督、指挥、执法、处置和评价工作的数字化，全面提升了城市管理和运行效率，提高了行政监察效能，为建立"城乡清洁工程"长效管理和数字化城市综合管理的新机制提供了重要的支撑平台。

二、启示和建议

广西壮族自治区属我国西部地区，正处在工业化、城镇化加速推进的关键时期，他们的城市改造建设工作内涵丰富、成效明显，积累了许多好经验、好做法。

（一）提高认识，高位运作，加大工作推进力度

广西实施"城乡清洁工程"绝不仅仅是扫一扫大街、清一清"五乱"就

行，而是从转变干部作风，提升城市综合竞争能力，优化投资发展环境，促进全区经济社会协调发展的要求来认识和推动这项工作的，成为推进干部作风转变的一个衡量标准和重要抓手，从而找到推动工作的最佳切入点。广西壮族自治区党委书记亲自部署，各部门协调联动，推动了"城乡清洁工程"轰轰烈烈的开展。我省开展城镇容貌环境综合整治工作，要借鉴广西经验，把这项工作作为检验干部作风转变，提高管理水平和执政能力的重要手段和切入点，主要领导亲自负责，各部门密切配合、积极行动，实行"一把手"工程，坚持高位运作，真抓实干，形成强劲的工作态势，加大推进工作力度，务求在短时间内抓出成效，抓出业绩。

（二）以人为本，改善民生，取得广大群众拥护和支持

广西"城乡清洁工程"，把解决群众最关心、最直接、最现实的利益问题放在第一位，正确处理了市容与繁荣关系，在治理"五乱"的同时，加快集贸市场建设，合理设置临时市场，既方便了市民，又让城市环境整洁了，从而赢得了民心，得到了拥护。我省开展城市容貌整治与景观建设工作，要想群众之所想，解群众之所需，采取疏堵结合的方法，在治理马路市场、店外经营、乱摆摊点的同时，加强集贸市场建设，合理设置一些短期的、流动的、过渡性的临时市场、便民农贸经营场所、小型专业服务市场等，为经营者提供可利用的场地空间，确保群众充分就业，方便群众生活，既取得整治效果，又能让群众满意。

（三）利用平台，借势推力，加快城市改造建设步伐

山东借助全运会和园博会，助推济南城市建设；广西利用中国—东盟博览会，加快南宁城市建设国际化步伐。我省各市活动不少，但真正高层次、大规模、极具影响力的国际性活动还是较少。中国吴桥国际杂技艺术节、中国城市规划建设博览会、中国山海关长城国际文化节等已经举办多年，要进一步提升层次，扩大在国际上的影响力，通过举办大型展会活动，促进城市容貌整治与景观建设。各市要积极谋划大规模、高层次的展会活动，采取博览会、文化节等多种形式，规划建设一批大型公共建设和重要设施，把各方面的积极性调动起来，把各种资源整合起来，借势推力，凝心聚力，带动城市基础设施建设，

促进城市功能的完善，提高城市管理水平。

（四）因地制宜，塑造特色，打造城市独特魅力

自然条件和历史文脉是塑造城市特色的基本元素。广西始终注重利用自然资源的优势，打造城市特色，树立城市品牌，也为城市今后发展谋得新的竞争优势。我省城市要注重依托城镇的自然条件，深入挖掘、整理人文资源，切实维系城市的自然山水骨架，做足山水文章，加强城镇文化建设，策划和塑造自己的特色，树立自己独有的文化品牌。要大手笔、高质量谋划建设城市标志性景观区域，加强公共建筑的设计，建设城市精品建筑和标志性景观。要通过开展城镇容貌环境综合整治工作，加强城镇净化、绿化、美化、亮化建设，实施大气污染治理、河湖水系治理、园林绿化提升、环境卫生整治、街道景观美化、城市交通畅通六大工程，深入推进城镇宜居环境建设，大力实施夜景亮化工程，切实提高城市洁净程度和景观艺术水平，提升城市的美誉度和吸引力。

（五）完善规章，规范程序，建立长效管理机制

要充分发挥建设行政主管部门的作用，制定城镇容貌环境综合整治工作标准、技术导则等各项配套政策，明确目标、任务、标准、措施，规范考核、评比、举报、监督程序，建立起规范高效的考核评比机制和督察问责机制。要建立财政投入机制，加大财政投入，省财政安排专项资金用于城镇容貌环境综合整治工作督导检查和评比工作。要制定主要道路、小街小巷、城市社区、城市公园的星级评定标准，树立样板典型，抓示范，搞评比，引导开展城镇容貌环境综合整治工作。要谋划长远，制定下一个三年上水平的《"三年大变样"工作规划》，不断升华工作目标，统筹安排近期和远期工作任务，促进城市建设的上台阶、上水平。

（六）广泛动员，严格问责，确保取得切实成效

广西实施"城乡清洁工程"坚持严管重罚，严格执法，推行严格问责制和举报制，来真的，动真格，在群众中产生巨大的威慑作用，增强了市民的自我约束观念，有效遏制不良行为，从而取得明显成效。我省要把开展城镇容貌环境综合整治工作成效纳入各级各部门的领导班子和领导干部政绩考核评价体系，作为三年大变样考核的重要内容，作为检查作风转变的主要切入点，严格

进行考评。建立舆论引导、群众参与、行政问责"三策联动"机制，宣传部门组织宣传相关科学知识和法律法规，开展群众喜闻乐见的各种活动，引导社会各界理解、支持、参与到城市容貌整治与景观建设工作中来，宣传先进典型，曝光反面案例；精神文明创建部门动员广大群众参与城市容貌与景观建设，揭发举报各地在整治建设中的不作为、乱作为现象；党委、政府督察部门与住房和城乡建设部门联合组成督察组采取定期和不定期对各市工作推进情况进行督察，组织部门和监察部门组成专门小组对督察、曝光和举报的反面典型进行问责处理，加大对行政不作为行为的责任追究力度，确保各项工作任务落到实处。

借势助力全面推进城市建设

——山东省以承办全运会为契机推进城镇化的启示

2009年11月5日至6日，宋恩华副省长带领省住房和城乡建设厅及唐山、衡水市主要领导及相关同志，赴山东省就城市建设工作进行了专题考察。考察团先后实地考察了济南园博园、奥体中心、护城河暨大明湖整治三大重点工程和章丘百脉泉公园建设，就城市建设与发展问题与山东省政府、济南市政府进行了座谈。山东省借助全运会、园博会契机，大力推进城镇化及农村住房建设和危房改造，给考察团留下了深刻的印象。

一、几点感受

（一）以新型城镇化为目标，总体部署，力推经济文化强省建设

山东省委、省政府高度重视城镇化工作，可以说起步早，力度大。2000年，山东省委、省政府出台《关于加快城市化进程的意见》；2002年，出台《关于加强城市规划建设管理的意见》。2009年11月1日至3日，全运会刚刚结束，山东省委、省政府就把推进城镇化摆到了重要议事日程，出台了《关于大力推进新型城镇化的意见》，召开了历史上规格最高的全省城镇化工作会议，省四大班子主要领导全部出席，学习贯彻胡锦涛总书记、温家宝总理视察山东时的重要讲话，从战略和全局高度对新时期城镇化工作作出重大决策部署。

《意见》指出：到2012年，山东省城镇化水平要达到50%以上，山东半岛达到60%以上；到2020年，山东省城镇化水平要达到60%以上，山东半岛达到70%以上。要做强山东半岛城市群，增强区域中心城市辐射带动能力，打造山东半岛蓝色经济区，形成城市群一体化快速发展新格局，构建支撑经济文化强省建设的城镇体系。

（二）以全运会、园博会为契机，借势助力，全面推进城市建设

大型体育赛事是体育的盛会，更是发展的舞台。山东省把筹办全运会作为一种历史责任，作为一个重大机遇，牢固树立抓城市建设就是抓发展、惠民生的思想，着眼于造福市民、支撑发展、迎接全运。通过筹办全运会，实施全运带动战略，借会造势，借势发展，让全运成为城市发展的加速器。

济南市作为全运会主办城市，以前所未有的力度推进城市基础设施建设，实施80项重点建设工程和90项重点整治项目，改造整修100多条主要道路，新建城市快速道路网和BRT快速公交网，实现了高速公路与城市快速路的"无缝对接"，城市功能得到大幅提升，城市形象得到明显改观。围绕举办一届高水平、有特色的全运会，瞄准"一流场馆设施、一流城市环境"，新建改建9个比赛场馆和14个全民健身中心。济南奥体中心占地面积81公顷，总建筑面积35万平方米，总投资达30亿元。奥体中心功能齐全、环境优美的全运村开创了全运历史的先河，成为撬动"突破济南"战略的一个重要支点，带动了土地升值和房地产快速发展，极大推动了东部新区发展。园博园建设是济南市城市建设又一大亮点，园博园占地面积5176亩，是目前国内陆地面积最大、植物种类最丰富的园博园，共有23个国家和地区、90个城市参展，总计108个室外展园，参展城市、展园数量、建设水平为历届之最，省内外游客络绎不绝。近两年，是济南城建史上投入最多、发展最快、变化最大的时期，也赢得了市民的认同感，增强了成就感和自豪感。据推测，全运会和园博会把济南城市建设提速5~10年。

为解决资金瓶颈问题，济南市组建了由市政府支持的5个城建投融资平台，两年筹措资金1400亿元，用于区域整体开发和城建重点项目建设。奥体中心及周边区域开发，由济南市城市建设投融资管理中心负责，进行融资和经营土地，共筹集资金80多亿元，用于奥体中心场馆、全运村与奥体酒店、奥体中心村民安置、市政基础设施等80多个项目建设；济南西区规划面积约330平方公里，其中建设用地约190平方公里，包括大学城、西客站片区、园博园片区等，全部由济南市西区投融资管理中心进行投资、建设、管理和使用，仅西客站片区就筹集资金100多亿元。

（三）以城镇、农村住房建设与危房改造为突破，分步实施，着力关注和改善民生

山东省委、省政府高度重视城镇、农村住房建设与危房改造工作。省财政安排专项资金1亿元专门用于廉租住房奖励和补助，计划三年完成全省棚户区改造。山东省政府一年内2次召开全省农村住房建设与危房改造会议，出台了《关于推进农村住房建设与危房改造的意见》，推动农民居住由分散向集中转变、平房向楼房转变、村庄向社区转变，促进人口向城镇集中、产业向园区集中、耕地向规模经营集中，加快推进城市基础设施向农村延伸、公共服务向农村覆盖。从2009年起用3年时间实施农村新居建设工程，每年确保新建农房75万户、力争达到100万户，用5年时间基本完成全省农村危房改造任务。从2009年开始，山东省财政将连续3年设立农村住房建设和危房改造专项资金，2009年此项资金就达4.4亿元。截至2009年9月底，山东省已启动农房建设64.33万户，危房改造11.5万户。据了解，这项工作上访率很低，做到了"农民得实惠、企业得市场、发展得空间、政府得民心"。

济南市借全运会举办之机，加速推进城市棚户区改造，启动67个棚户片区改造，动迁居民15.3万人，开工建设安置房210万平方米，回迁居民8000户。曾经低矮陈旧的棚户区正在变为高档小区，庄严承诺变为美好现实。作为"改革开放30年济南10件大事"之一，棚改改的是民生，得的是口碑。李克强副总理视察济南时，给予了充分肯定。

（四）以人居环境建设为抓手，整体推进，着力建设资源节约型和环境友好型城市

山东省积极开展人居环境奖和园林城市创建活动，大力推进城乡环境综合整治，实施净化、绿化、美化、亮化工程，加强城市水系、周边湿地生态系统、绿地生态系统保护。2008年，又在全省范围组织开展了为期一年的城乡环境综合整治集中行动，下狠心、出重拳、见实效，城镇面貌焕发崭新容颜。全省已建成国家园林城市15个，园林县城2个，园林城镇1个，省级园林城市20个，威海成为全省第一个国家园林城市群。拥有3个联合国人居奖城市，4个中国人居环境奖城市，6个城市获"中国人居环境水环境治理优秀范例城市奖"，20个项目获"中国人居环境范例奖"，获奖数量居全国第一；9个城市获山东人居环境奖，65个项目获山东人居环境范例奖。这些获奖城市和项目起到了积极的示范、引导作用，极大地鼓舞和推动了全省人居环境建设。

济南市在城乡环境综合整治中，全力治堵、治脏、治乱、治污，加强商业街区、旅游景区、旧住宅区、背街小巷、城乡结合部、村镇环境整治，注重绿化、美化、净化、亮化，较好地解决了乱搭乱建、乱贴乱画、乱排乱倒、乱摆乱放等城市"八乱"问题，共拆除违法违章建筑419.7万平方米，城市整体形象得到了根本性提升。

为提升城市建设品位，济南市大做"泉水"文章，保护泉水资源，弘扬泉水文化，打造了更适宜人居的良好生态环境，促进了人与自然的和谐发展。护城河黑虎泉、趵突泉、五龙潭至大明湖段通航工程，成为名副其实的泉水游览景观带，真正体现了"泉城"品位，增添了旅游的无穷魅力。投资21.99亿元，实施了大明湖扩建改造工程，新建8个景区，恢复重建了超然楼、明湖居、闻韶驿等八处历史古迹，再现了"四面荷花三面柳，一城山色半城湖"的美丽画卷。"泉水"正成为济南这个城市的特色和亮丽的"名片"，全市700多处天然泉涌，构成济南"家家泉水、户户杨柳"的独特泉水景观。济南市非常注重夜景建设，奥体中心夜景已成为济南的一大景观，"东荷"、"西柳"的造型在灯光的映衬下流光溢彩、分外美丽；护城河、大明湖夜景格外引人注目，丛林、石桥、溪水、瀑布、阁楼如同一幅幅画卷，让人目不暇接，将泉城特色标志区映衬得更加绚丽多彩，使山泉湖河城交相辉映的宜人美景更加灵动隽永。

二、几点启示

山东省近年来在城市建设和改造方面取得了令人瞩目的成就。与山东省相比，我省不少城市在推进城市改造建设中，还普遍存在观念滞后、机制不活、工作粗放、标准不高等突出问题，在城市的规模、综合竞争力和发展水平上，我省城市与山东省还有较大差距。山东省在城市发展理念和改造建设中的成功经验和做法，值得我们下一步在推进城镇化和三年大变样工作中认真学习借鉴。

（一）要加快推进城镇化

我省2008年城镇化水平达到41.29%左右，落后山东6个百分点，与广东、浙江、江苏相比差距更大。山东有6个特大城市、10个大城市，大中城市数量位居全国第一，中等城市实力较强，山东半岛城市群已成为继长三角、珠三角、京津冀之后的全国第四大城市群，打造了一个个具有明显竞争优势的产业集群，诞生了海尔、海信等世界知名企业。而我省区域中心城市不大不强，大中城市数量偏少，在城市化发展中未能起到应有的领跑和带头作用；县级市、县城规模普遍偏小，建制镇发展质量不高，辐射带动作用不明显。因此，我省同样需要坚定不移地推进城镇化发展战略，走城镇化、工业化协同发展之路，把做大做强区域中心城市，大力发展主城区，进一步增强对区域经济的辐射带动作用，作为今后我省推进城镇化的一项长期战略任务来抓。

（二）要全面提高城镇综合承载能力

山东省把完善基础设施建设、打造精品工程、塑造城市特色，作为聚集产业和人气、提升城市综合竞争力、加快城镇化的战略举措，坚持常抓不懈，取得了显著成绩。山东省的成功经验和我省三年大变样的实践证明：开展三年大变样工作是改变我省城镇落后面貌的迫切需要，是实现追赶超越的一次大机遇，是加速工业化与城镇化融合、实现后来居上的助推器。2010年是三年大变样的关键年，更是决战年。要按照张云川书记"坚韧不拔，以更大的力度，确保各项目标任务的实现"的要求，坚持以五项目标为核心，推进城市综合交通体系建设，加强市政基础设施和防灾减灾设施建设，加强城市文化、体育、卫生、福利、教育等公共服务设施建设，大力实施公交优先战略，全面提高城镇综合承载能力。

（三）要注重城市精品建设和特色塑造

要大手笔、高质量谋划建设城市标志性景观区域，加强公共建筑的设计，建设城市精品建筑和标志性景观。特色是城市的灵魂，每个城市都要认真研究，充分利用自然文化条件，策划和塑造自己的特色，树立自己独有的文化品牌。大力开展城市容貌与景观环境建设，以净化、绿化、美化、亮化为突破口，实施大气污染治理、河湖水系治理、园林绿化提升、环境卫生整治、街道景观美化、城市交通畅通六大工程，由省政府进行统一部署，量化标准进行检查评比、考核奖惩，切实提高城市洁净程度和景观艺术水平，提升城市的美誉度和吸引力。

（四）要高度关注民生和改善人居环境

借鉴山东经验，在加强城市保障性住房建设、大力推进城市和工矿棚户区改造的同时，认真研究和组织实施农村村庄改造和住房建设，完善农村基础设施配套建设，切实改善城乡居民的住房条件和生活条件。要积极开展园林城市、园林城镇、宜居城市环境建设，大力推动"人居环境奖"创建工作，提高城乡居民居住的环境质量，建设自然秀美的自然生态体系和舒适宜人的人居环境体系，实现人与自然的和谐发展。

（五）要善于借势助推城市的建设发展

通过大型活动，助推城市建设发展已成为一个成功经验。我省正在申办第八届中国国际园林花卉博览会，要向济南市学习，成立高规格的申办委员会和工作机构，全力做好申办工作。要借鉴江苏等省市的做法，举办省级园林博览会，以繁荣全省园林创作，提高造园艺术水平，建设园林精品，作为申办国家级、世界级园博会的重要内容先期开展。通过一些有影响力、特大型活动的举办，带动城市基础设施建设，促进城市功能的完善，提高城市管理水平。

世博引领城市建设先进潮流

——上海通过承办世博会促进城市建设的启示

2010年5月24日至27日，河北省领导干部上海世博会考察培训班在上海举办。目的在于看世博、找差距，进一步解放思想、创新思路，扎实推进我省城镇面貌三年大变样工作，并为下一个"三年上水平"奠定基础。本次考察培训由宋恩华副省长带队，省直有关部门负责同志及各市市长、主管城建工作的副市长、规划建设管理部门负责同志等110余人参加。与会人员对世博园进行了全面参观考察，听取了上海世博园区总规划师吴志强、主题馆总设计师曾群等专家学者关于世博园规划建设、建筑特色的专题讲座。其间，上海市市长韩正会见了培训班部分学员，介绍了上海市演绎"城市，让生活更美好"的世博会主题，推动经济社会发展和城市建设方面的经验。与会人员边看边学、边听边想，普遍感到开阔了视野、更新了理念、看到了差距，很受启发、很受教育，达到了预期效果。

一、对上海世博会的初步认知

世博会搭建的是一个"共同舞台"，面对的是"共同难题"，承载的是人类的"共同梦想"。可以说，上海世博会是人类文明的又一重大盛宴。

上海世博会是人类城市发展智慧的大集成。上海世博会集中展示、传播了当今世界各国城市文明前沿成果，城市光网、移动极速宽带网、智慧城市、3D高清IPTV、手机云计算、多语音智能识别等科技亮点，既是对人类科技最新成果的检阅，也为未来城市发展提供了某些前瞻视角。上海世博会是多元城市文化的大交流。世博会是各种思想交流、交锋和交融的重要渠道。由于思维方式、思想观念、行为模式以及对各自核心利益的理解不同，所造就的丰富包容、互织互补的城市文化在上海世博会上充分彰显，是一次世界与中国的全方位交流、零距离对话，也是中国城市文化吸收世界各国先进文化，丰富和发展自己，走向世界的良机。

上海世博会是世界建筑艺术的大看台。世博会建筑本身就是一种展品，而且是世博会的主要亮点。数量众多、风格各异的建筑群在同一园区内交相辉映，不同角度演绎着"城市，让生活更美好"的主题。"东方之冠"中国馆、"种子圣殿"英国馆、"月亮船"沙特馆、"流动的沙丘"阿联酋馆、"会呼吸的建筑"日本馆、天然藤条编织成的西班牙馆等场馆，无论从造型设计、用料选材，还是环境塑造、细节处理等都处处体现出精心、精致、精细，让人过目难忘，记忆深刻。

上海世博会是创新创造的大展示。当前，"城市病"作为城市化的副产品和世界"流行病"，正在困扰着人类。在全球城市化进程处于重要关口时，人们期待为未来生活、为消除"城市病"送来最佳处方。这正是上海世博会的重要看点，也是重要期待。上海世博会的创新项目"城市最佳实践区"，云集了全球80个最具代表性和创新性的城市案例，构成了一个活生生的、具有未来指向性的街区，勾画出了未来城市的蓝图，让人们看到了更加美好的未来。

二、上海世博会带给我们的启示

当前，我省城镇面貌三年大变样工作已进入出成果、看成效，并为下一个"三年上水平"打基础的关键时期，检讨以往工作思路是否正确，明确下一步"抓什么、怎么抓"是摆在我们面前最紧迫的课题。世博会恰恰为我们提供了这样一个衡量的标准、交流的平台和学习的范本。

（一）借势发展的机遇意识

以大事件推动城市发展，是历届世博会的成功经验，也是上海世博会给我们的重要启示。上海市把办世博作为城市建设的助推器，举全市之力，下大决心、花大力气解决困扰上海城市多年的疑难杂症。2002年至2009年，上海市借筹办世博会之机，大力推进旧城改造和容貌整治，城市形象和城市功能得到空前提升。世博园区直接投资仅286亿元，却带动了相关投资3000多亿元，使上海市的基础设施建设至少提前了15年。特别是轨道交通发展迅猛，地铁总长由2004年的82公里发展到目前的420公里，初步形成网络化、零换乘格局，大大缓解了交通难题。世博会还大大推动了上海数字通讯系统和数字化城市建设，使上海的城市管理水平提升到一个新的层次。上海市这种抢抓机遇不迟疑，善于借势、敢于借势的勇气和魄力，给我们留下了深刻印象。

（二）规划设计的前瞻视野

上海市没有把世博园建设当作一件孤立的事件，而是放在整个城市长远发展中来考虑。目前上海最缺什么？2020年上海需要什么？强烈的问题意识始终贯穿世博园区规划建设的全过程，闪现着逆向性思维的高超智慧和前瞻眼光。世博选址在老城区的黄浦江两岸，就是要借机改造这两块城市中心的工业区，通过"腾笼换鸟"促进城市更新和产业结构调整。世博园区规划以后续利用为先导，坚持超前谋划、准确定位、统筹安排，在土地利用、建筑、环境和基础设施等方面为城市可持续发展预留空间。"上海缺什么，世博就留什么"，"零废弃"的基础设施和永久保留的"一轴四馆"，将形成上海新的文化、会展中心。这种既立足当前更着眼长远的战略思维、超前视野，尤其值得我们学习借鉴。

（三）引领潮流的先进理念

"一切始于世博会"，历届世博会的理念无一例外地成为社会发展的主导模式和主流形态。上海世博会首倡"生态世博"、"绿色世博"、"低碳世博"理念，以独特视角演绎了"城市，让生活更美好"的主题，成为一大亮点。零排放、零碳馆、碳计算、碳补偿等成了切切实实的行动和案例。世博园内集合了目前世界所有的低碳、环保、生态技术和模式，屋顶、墙体、室内立体绿化，太阳能、风能、潮汐能等新能源应用，雨水收集及废气、废水、废物的循环利用，使之成为名副其实的绿色低碳博览会。燃料电池、纯电动、混合动力等新能源汽车在园区大规模运营，实现公共交通"零排放"。世博中心节能率达到62.8%，每年可节约标煤2160吨，获得中国绿色建筑最高认证。城市最佳实践区展示的伦敦零碳馆、汉堡被动屋、沪上·生态家等集成节能技术的成功案例，为转变城市发展方式提供了有益借鉴。可见低碳生态发展战略已经成为全球普遍共识，世界各地都在为此积极探索、不懈努力，我省应该把生态城市建设摆上重要议事日程，加快推进。

（四）最新科技的成功示范

上海世博会把现代科技多角度、多层面地嵌入园区规划建设管理过程中，让科学思维和科技成就渗透到每一个细节。世博轴"阳光谷"集主动采光、自然通风和雨水收集功能于一体；主题馆屋顶是世界上单体面积最大的太阳能屋面；园区LED照明系统是该技术在我国城市首次大规模集中使用；先进的固体废弃物无害化、减量化、资源化处理技术。各参展国和地区还展示了新能源汽车、4G移动通信、机器人、"发电膜"等高新技术，诠释了"科技改变城市、创新改变生活"的内涵。本次世博会为新技术、新材料、新设备的使用提供了新的样本，已经超越实验、理念、观摩的意义。由于大规模的使用，量变引起质变，成本迅速降低，其经济性和可实施性大为增强，为这些新科技在城市建设中的应用带来了革命性变化，预示着相关产业将进入快速发展时期。

三、用世博理念指导我省城市建设

我省把繁荣舒适作为城镇面貌三年大变样的追求目标，与世博会"城市，让生活更美好"的主题在目标取向上是一致的。世博会展示的先进理念，就是未来城市发展的方向；世博园规划建设的标准，就是我省城镇建设上水平、出品位的标杆。

（一）重新审视和提升城市规划设计

要把世博作为一面镜子、一把尺子，观照、审视我们的每项规划、每项设计，以先进理念作引领，以前沿技术作支撑，真正把世博理念、世博经验落实到规划上、体现在设计中。要进一步放开市场、加大投入，更加注重控制性详细规划和修建性详细规划质量，着力提升建筑设计水平。

（二）打造标志性精品建筑

要坚决克服"还可以"、"过得去"等一般化倾向，时时处处向世界一流品质看齐，把精品意识、质量意识贯穿于规划、设计、选材、施工、管理的各个环节。要以开放的心态、巅峰的视野、学习的精神，努力将现代文明与传统文化相结合，精心打造既超越传统又面向未来，既引领潮流又注重细节的风貌建筑、精品建筑和百年建筑。

（三）加快生态城市建设步伐

要把低碳生态发展战略落实到规划上、落实到项目上，尽快组织编制生态城市发展规划，明确目标任务和保障措施。曹妃甸新城、北戴河新城、黄骅新城、滹沱新区要加快生态城建设进度，在建筑节能、绿色建筑、城市森林、生态宜居等方面做好示范，为全省提供借鉴。每个市都要建设1~2个示范项目，如示范建筑、示范街区、示范小区，打造我省的"城市最佳实践区"。

（四）进一步加快综合交通运输体系建设

建立健全综合交通运输规划体系，统筹各种运输方式在规划上的衔接。以城市公交为先导，加快现代综合交通运输枢纽建设，特别是连接航空、铁路、公路等各种运输方式的中心城市综合枢纽建设，合理配置资源，逐步实现客运"零换乘"和货运"无缝隙衔接"。同时，要加强综合运输管理和公共信息服务平台建设，提高交通运输管理效能和服务水平。石家庄、唐山要把轨道交通和地铁建设提到重要日程，早做设计、加快实施；其余尚不具备条件的市，也要先在规划上预留空间。

（五）探索地下城市管道综合走廊建设模式

"共同管沟"是市政管线集约化建设的趋势，也是城市基础设施现代化的方向。上海市在世博园区建设了"共同管沟"，正在对全市推广共同沟的立法开展课题研究，准备全面解决地下管线管理顽疾。我省也应该积极推进城市"共同管沟"建设，所有新区建设都应先行试点，积累经验、逐步推广，从根本上解决"拉链路"、"蜘蛛网"难题。

（六）加大对我省建筑新材料、新技术、新设备企业的扶持引导力度

一方面，引导他们积极与世博对标，瞄准一流品质，淘汰落后产能，提高产品竞争力；另一方面，出台支持新材料、新技术、新设备使用的优惠政策，尽快提高应用面积，向规模化、低成本、高效益方向发展。大型公共建筑要发挥示范带头作用，每个项目至少采用2~3项新材料、新技术或新设备，作为一条硬杠杠写入相关规范或标准，强力推行。

（七）以大事件助推城市建设

许多大城市都在借大型活动的东风，加快城市改造建设，如北京奥运、上海世博、济南园博、广州亚运、南京青奥等，使城市功能和面貌在较短时期内有了很大提升，取得了平时难以想象的成效。虽然我省也有类似大型活动，但无论规模还是影响都远远不够，对城市建设的推动作用没有充分发挥出来，有很大潜力可挖。应该加大这方面研究，积极申办承办一些全国甚至世界性大型活动，借势发展、扩大影响。

（八）谋划好下一个"三年上水平"的目标

不断提升、追求超越是世博的重要精神内涵。上海市正是通过多年的持续努力，实现了城市功能质的提升，才具备了办好世博的基础和能力。从现在起，我省各市就要以世博园为标杆，向一流城市看齐，按照繁荣、舒适的现代城市的要求，着手研究"三年上水平"的目标和标准，以备明年推开。

（九）进一步组织好世博会考察学习活动

上海世博会是家门口的活教材、大课堂，是开阔眼界、更新理念的绝佳机会。各地要把世博会作为培训基地，有计划地组织更多的领导干部、管理人员、专业技术人员去考察学习、培训提高，为创造城市更加美好的明天奠定基础。

宜居城市建设的新追求

——江苏省建设宜居城市的探索和实践

2010年8月22日至25日，宋恩华副省长率省住房和城乡建设厅及承德、秦皇岛、邢台市政府负责同志，赴江苏省进行了考察学习。考察团实地考察了南京、无锡、苏州、南通的规划建设管理情况，与省、市政府及有关部门进行了座谈交流。江苏省抢抓机遇、加快发展的创业精神，持续快速的经济社会发展，日新月异的城市面貌，给考察团留下了深刻印象，令人震撼、催人奋进。

一、主要经验和做法

江苏省是我国改革开放的前沿，经济社会发展水平处在先进行列。近年来，江苏省紧紧围绕"率先全面建成小康社会，率先基本实现现代化"的目标，经济社会发展始终保持强劲势头，城镇化水平稳步提高。2009年，江苏省城镇化率达到55.6%（我省43.7%，全国46.6%），比上年提高1.3个百分点。区域发展格局不断完善，以中心城市为节点、城镇聚合轴为骨架、都市圈为网络的城镇空间组织结构日趋成熟，形成了苏中、苏北快速发展，苏南转型升级加快推进的良好局面。全面实施沿海地区发展规划，积极推进城乡统筹发展，城市载体功能不断提升，综合实力显著增强，城乡居民生活明显改善，许多经验值得学习借鉴。

（一）以提升城镇化发展水平为目标，着力强化城乡规划的调控和引导作用

以省域城镇体系规划和都市圈空间规划，保障经济社会统筹发展；以城市总体规划和控制性详细规划，引导城市有序建设；以历史文化和生态保护规划，促进物质空间与社会、文化、资源、环境发展同时并进；以村镇布局和村庄建设规划，推动乡村空间有效集约，初步形成了城乡科学统筹全面发展的格局。2009年底，江苏省城市建成区面积达到3626平方公里（我省2733平方公里），特大城市和大城市数量为12个（我省9个），初步构建了与现代化进程相匹配、与产业布局相呼应，以特大城市和大城市为核心、中小城市为纽带、小城镇为基础，城乡协调发展的城镇体系，"三圈五轴"的城镇空间结构基本形成。根据经济社会发展和新型城镇化的需要，目前正在编制规划期限至2030年的新一版省域城镇体系规划。

（二）以构建和谐宜居的人居环境为目标，着力加快节约型城乡建设

顺应低碳经济新趋势和经济转型升级需要，牢固确立资源节约、环境友好、生态宜居的理念，以城乡建设由粗放发展向集约发展、资源依赖向创新驱动转变为目标，以城乡空间和资源能源集约利用为重点，以科技创新为支撑，以节约型城乡建设统领城乡规划建设管理各项工作，促进城市建设、村镇建设、工程建设全面转型。认真做好城市空间复合利用、节约型村庄规划建设、绿色建筑发展、综合管廊建设等十项重点工作，加快形成一批具有代表性、示范性，又可复制、能推广的适用技术和工程项目，实现由单项技术示范向多项技术集成示范、单体项目示范向区域示范的转变。创造性地开展新建建筑节能、建筑节能改造和可再生能源建筑应用工作，新建建筑节能设计率、竣工项目达标率分别达到100%和99.4%，处于全国领先水平。

（三）以完善城市功能为目标，着力完善城市基础设施和公共设施建设

大力推进城市基础设施建设，城市综合功能不断提升。城市道路、供水、燃气、垃圾及污水处理等各项指标，无论总量还是人均值，在全国各省中均处于领先水平。2009年底，人均拥有城市道路面积20.4平方米（我省15.3平方米），生活垃圾处理率99.5%（我省90.7%），其中无害化处理率91%（我省

59%），建成区绿化覆盖率、绿地率分别为42%（我省40%）、38.3%（我省33.7%），人均公园绿地面积达13.2平方米（我省11.2平方米）。江苏省有3个城市获联合国人居奖，4个城市获中国人居环境奖，6个城市为国家生态园林试点城市，25个城市（县城）获国家园林城市（县城）称号（我省11个）。大力推进公共服务设施建设，统筹建设科技、教育、文化、卫生、体育、旅游等设施。南京以举办全国城市运动会为契机，建设了高标准的体育中心，也为举办2014年"青奥会"奠定了基础。南通市利用自身文化资源优势，打造博物馆群，对提升城市文化形象起到了重要作用。苏州、无锡在新区开发建设中，大手笔、高标准建设文化中心、教育中心、行政中心，打造成为具有地标性的区域。

（四）以实现城乡一体化发展为目标，着力推进城乡统筹发展

着力推进城市基础设施向农村延伸、城市公共服务向农村覆盖、城市现代文明向农村辐射，区域性基础设施的规划建设取得突破性进展。一是推进城乡统筹供水。在全国率先启动了城乡统筹区域供水工程，通过供水设施由城市向乡镇和农村辐射，从根本上改善乡村地区供水水质。目前，苏锡常地区基本实现城乡统筹供水全覆盖，并实现了区域间供水管网互联互通。宁镇扬泰通地区和苏北地区区域供水规划正在加快推进中，2009年底，两地区规划范围内通水乡镇比例分别达77%、33%。二是推进城乡垃圾统筹处理。在全国率先建立实施了"组保洁、村收集、镇转运、县（市）集中处理"的城乡一体化垃圾处理模式。目前，苏南发达地区农村初步建立了城乡统筹的垃圾收运体系，大部分乡镇、村都有专门保洁队伍，配备相应的处理设施，定时保洁，及时转运；苏中地区初步建立了垃圾收运处理体系的框架，一些离市区较近的乡镇已纳入县（市）集中处理范围；苏北地区正在逐步构建收运处理体系的框架。三是推进城镇污水管网向乡村延伸。对近城近镇的村庄污水纳入城镇污水管网统一处理。2009年底，江苏省约有290多个乡镇建成污水处理设施，覆盖率为30%。其中，太湖流域172个建制镇全部建有污水处理设施，污水处理能力173.41万吨/日。在全国率先组织开展了村庄生活污水治理适宜技术研究，累计建成村庄污水处理设施1830个。

（五）以破解城市建设资金瓶颈为目标，着力搭建投融资平台

江苏省在城市建设中积极探索新型融资方式，筹资渠道不断拓宽。南京市河西新城建设采取一个综合项目一个融资平台的办法，政府投入400亿元，撬动社会资金投入1000多亿。苏州市地铁建设采用"三统一、两分开"（统一组织和指挥、统一规划和建设、统一运营和管理；分开出资、分开开发）的投融资及建设管理体制，近期轨道交通工程建设资本金由沿线各区政府承担，政府项目公司履行出资人职能；资本金以外的信贷资金由轨道公司统一贷款解决，各区政府按出资任务安排还本付息资金。

（六）以推进城市精细化管理为目标，着力加快数字化城管建设步伐

积极推广数字规划，在全国率先试行"数字化城市管理"，探索建立精确、高效、协同管理的新型城市管理模式。先后出台了《关于推进数字化城市管理工作的意见》、《数字化城市管理系统建设指南》，指导各地数字化城管建设。目前，已有14个城市正式运行数字化城管系统，一大批城市数字化城管工作正在稳步推进，初步形成了标准统一、目标一致、类型有别、成效显著的"数字城管"新格局，政府应急处置能力和日常管理能力得到加强，市民对城市管理的满意度不断提升。

（七）以实现"住有所居"为目标，着力推进保障性住房建设

全面建立廉租住房制度，改进和规范经济适用住房制度，积极探索公共租赁住房制度，加快推进城市危旧房改造工作，城市低收入家庭和其他困难群体的住房困难得到明显改善。目前，县以上城镇全部建立面向低保家庭的廉租住房制度，住房保障正朝着"低保家庭住得上廉租住房、低收入家庭住得起经济适用住房、新就业人员租得起住房"的目标迈进。2009年底，江苏省已累计供应保障性住房35.2万套，其中廉租住房实物配租3万套，经济适用住房32.2万套；发放廉租住房租赁补贴7万户，通过危旧房改造解决4.3万户低收入家庭的住房困难，累计解决了46.6万户低收入家庭住房困难。

（八）以增强城市个性魅力为目标，着力提升城市品位

南京市深入挖掘城市历史文化资源，大力实施明城墙和秦淮河环境综合整治工程，用"1912街区"塑造城市客厅和时尚地标，高标准建设河西新区，城市魅力充分彰显。苏州市以建设高端产业城市、最佳宜居城市、文化旅游城市为目标，在保持"水路并行"、"河街相邻"的双棋盘格局的基础上，充分利用"三纵三横一环"的河道水系，延续"小桥流水、粉墙黛瓦、史迹名园"的独特古城风貌，打造平江路历史文化街区，实现了文化产业和旅游产业的完美结合。无锡市充分利用太湖山水组合的自然景观和人文资源，以建设生态城、高科技产业城、旅游和现代化服务城、宜居城为目标，开发建设太湖新城和蠡湖新城，保护性建设惠山古镇，大手笔打造灵山梵宫景区。南通市着力从根治污染、改善环境、提升内涵、完善功能等四个方面，全方位推进濠河景区的生态环境建设，南通博物院、城市博物馆、珠算博物馆等28座博物馆，生态绿地景点、水上市民文化广场等人文景观，与濠河独特优美的自然资源交相呼应，彰显了"江风海韵北上海，中国近代第一城"的城市个性。

（九）以提升城市承载能力为目标，着力加强城市综合交通体系建设

借鉴世界大都市区和大城市群发展的经验，结合南京都市圈、苏锡常都市圈和沿江城市带规划布局，由公路、铁路、水路、民航等组成的综合交通运输体系逐步形成。民航基础设施逐步完善，目前共有 7 个民航运输机场，2009年实现旅客吞吐量1500万人次，货邮吞吐量30万吨，年平均增长率分别达到18.3%、19.8%，均高于全国平均水平。实施公交优先战略，常州、无锡加快快速公交系统（BRT）建设，通过设置和划定公交专用道，保证公交车辆对道路的专用或优先使用权。常州已建成两条共计45公里的BRT专用线路，采用公交专用18米长的空调大公共汽车运营，实行无人售票，全线一元一票，并可享受快速公交专用站台同站同向免费换乘。地下轨道交通成效显著，南京已有两条地铁线路、57座车站进行商业运营，总里程达到85公里；无锡地铁于2008年经国务院批准，到2015年将建成两条、总长度56公里的轨道，形成十字形轨道交通网络骨架。苏州市地铁于2007年获国务院批复，1号线和2号线已开工，规划到2020年将建成5条轨道交通线路，总里程将达到190公里。

（十）以强化政策保障为目标，着力增强工作举措的可操作性

一是深化完善推进新型城镇化的政策措施。2009年，江苏省印发了《关于推进节约型城乡建设工作的意见》，提出了节约型城乡建设的内涵、目标任务和工作要求。2010年，又提出从规划源头引领资源、能源节约利用，将节能减排和生态建设的要求，落实到城乡规划的具体内容和规划实施的措施、行动当中。组织节约型城乡规划及空间复合利用的典型案例汇编，开展规划实施管理机制研究，指导各地试点和示范项目；二是坚持规划先行与全面覆盖。江苏省把"组织（精心组织）、指导（技术指导）、开门（公众参与）"作为制度创新的关键，把"统筹（统筹协调）、保护（特色保护）、数字（数字规划）"作为技术创新的重点，在全国较早推进城乡规划全覆盖工作。目前，全省基本建立从区域到城市、从城镇到农村、从总体到专项的层次分明、相互衔接、完善配套的城乡规划体系，使每一处城乡建设用地都有了规划依据，每一项重大设施布局建设都有了系统引导，每一块保护和禁建空间都有了明确要求。三是健全完善城市规划建设法规标准体系。2005~2010年，出台规范性文件近30个、技术性标准导则10余个，基本形成了覆盖各规划层次的法规、标准导则体系。其中，《江苏省城市规划管理技术规定》、《江苏省城市设计编制导则》等对规范城市规划编制管理，提升城市环境质量、生活质量和城市景观艺术水平，起到了积极的促进作用。

二、有益启示

（一）加快发展步伐，必须树立强烈机遇意识和竞争意识

江苏省经济和社会发展成就斐然，各项城建指标在全国处于领先水平，但他们没有满足现状，放慢前进的脚步，而是继续解放思想、干事创业、加快发展。南京市自2001年开始，连续开展城市容貌专项整治，2010年又提出了城市环境综合提升三年行动计划；无锡市在城镇面貌三年大变样基础上，2005年开展了以"拓展骨架、赶超先进"为目标，实现城市建设"大跨越"的第二轮"三年城建行动"；2008年全面实施了"优化功能、领先发展"，力争实现城市能级、品质、功能和现代化水平"大提升"的第三轮"三年城建行动"，2010年拆迁规模仍在1000万平方米以上。他们强烈的机遇意识、竞争意识，使考察团同志深受触动。在这个竞争时代，城市发展如逆水行舟，不进则退，小进亦退。对比江苏省，我们已经落后了，若不抓紧跟进，

差距将越来越大。因此，必须以时不我待的紧迫感和使命感，一门心思做事情，扑下身子创业绩，抓住京津冀都市圈快速崛起的战略机遇，切实加快河北发展的步伐。

（二）促进协调发展，必须把城镇化置于全局的战略位置

江苏省2000年就出台了加快推进城镇化进程的指导意见，相关配套政策同步跟进，十年来一以贯之地大力度推进，已经形成了经济繁荣、社会和谐、生态友好、文化多元的良性发展局面，都市连绵区格局已经显现。实践证明：加快推进城镇化，是进一步解放和发展生产力、增强河北综合实力和竞争力的客观要求，是河北现阶段工业化和现代化发展的必然选择，是促进河北经济社会协调发展和统筹城乡发展的有效措施。只要牢固树立抓城镇化就是抓全局的思想，深刻理解做城市就是做产业、做民生、做城乡统筹的内涵和实质，按照三年大变样、三年上水平、三年出品位的思路实施下去，经过10年左右的努力，河北建设现代城市的目标一定能够实现。

（三）解放思想，破除阻碍城镇化发展的体制障碍

城镇化推进工作涉及领域广、层次深、部门多，行政管理体制、资金等一直是制约城市改造建设的难题。江苏省在管理体制方面，创新思路，做了很多有益探索。如在江苏省住房和城乡建设厅专门设立太湖风景名胜区管理委员会办公室，统筹太湖流域项目建设管理；苏州将高新技术开发区与虎丘区合并，走出了一条便捷高效的行政管理体制路子。我省环京津县市多，与京津协调机制不健全、规格不对等，应建立省级协调推进机构，促进环京津地区与北京和天津更好的协调对接。另外，市县同城、区县同城等问题突出，应着眼建立高效的城市管理体制，做大做强中心城市，积极稳妥地推进行政区划调整，统筹中心城市与周边县（市）一体化发展，在设市城市和县城推行镇改街、村改居。在破解资金问题上，江苏省经多年摸索，已由最初的土地抵押、财政担保发展到打造投融资平台的新阶段。如南京市成立住房保障公司推进保障性住房建设，秦淮河投融资公司与银行合作开发项目，经营效果很好。

（四）增强城镇化发展的动力，必须大力推进工业聚集区规划建设

工业化和城镇化是实现现代化的两个轮子，工业化是基础，城镇化是加速器，二者缺一不可。江苏省工业化程度较高，规模以上工业增加值为1.67万亿，而我省仅为6310亿元，差距是显而易见的。特别是苏锡常地区工业聚集区建设有很多值得借鉴的经验，如苏州工业园区在中新合作双方的共同努力下，现有83家世界500强入驻，2009年实现一般预算财政收入108亿元。我省要借鉴江苏发展经验，大力推进工业聚集区建设，积极发展高新技术产业，改造提升传统产业，提高资源利用效率和高附加值产品的比重。要按照省政府《加快工业聚集区发展的若干意见》，落实好优先配置土地资源、给予财税政策支持、允许异地投资税收分享、支持大用户直购电试点、实施差别政策引导等十项扶持政策措施，促进工业聚集区快速发展。

（五）突出城市景观特色，必须注重历史文化传承

全面提升城市文化品位，是我省加快城镇化进程的重要任务，也是上水平、出品位的关键所在。一座城市如果没有文化，则失去了灵魂。江苏省拥有9座国家级、7座省级历史文化名城，各市普遍打响文化品牌、塑造城市特色，南京秦淮河整治、苏州平江路街区改造、无锡惠山古镇保护开发、南通濠河生态景区打造等景观建设项目亮点纷呈。我省历史文化底蕴丰厚，自然景观资源众多，要结合城市改造建设，启动城市主题文化研究，鼓励和引导更多的作家、画家、雕塑家等艺术界英才参与。要搞好自然环境特色营造，引入"山水城市"、"生态城市"理念，加快城市河湖水系环境综合整治，打造近水、亲绿、宜人的开敞空间。深入挖掘和提炼城市历史文脉，搞好人文环境特色营造，塑造独具个性的城市形象。要搞好城市形象设计，通过舞台戏剧表演等文艺创造，展示城市特色和文化。

三、做好近期重点工作

（一）研究制定城镇建设三年上水平的目标、任务和举措

以建设繁华、舒适的现代化城市为目标，围绕"做大、做强、做优、做美、做精"，把转型发展、创新发展、完善功能、改善人居环境、提升文化品质、提高市民幸福指数作为重点，抓紧制定《城镇建设三年上水平基本目标》，明确重点工作，提出具体举措。

（二）制定出台进一步提高规划设计水平的实施意见

以提升规划设计质量、深化完善城乡规划、打造精品工程、规范规划设计市场、加强规划设计管理、完善保障机制为重点，制定出台《进一步提高规划设计水平的实施意见》，推动规划设计水平跃上新台阶。

（三）完善规划体系

一是开展省、市、县城镇体系规划实施评估工作，启动编制规划期限至2030年的城镇体系规划，构建与城镇化发展相适应的城镇体系格局；二是启动编制冀中南城市群规划，增强省会辐射带动作用，提升冀中南地区整体竞争力；三是高水平完成环京津城市群规划和沿海城市带规划，整合空间资源，统筹推进区域协调发展；四是围绕实施"新城战略"，以环京津地区和沿海地区为重点，开展新城、新区规划，全面加强与京津的对接，打造新的增长极；五是开展中心城市空间发展战略规划，形成同城化管理的都市区发展格局；六是在有条件的县级市，开展覆盖全市域的城乡总体规划试点，带动实现规划全覆盖。

（四）健全法规标准体系

一是出台《河北省城市"五线"规划管理规定》、《省管建设项目选址规划管理工作规程》等规范性文件；二是完善《河北省城乡规划技术规定》系列内容，着手制定《中心城市空间发展战略规划编制导则》、《城乡总体规划编制导则》、《城市设计编制导则》、《城市公共设施规划建设标准》等技术规定和标准。

（五）加强对生态示范城市规划建设的指导和历史文化名城保护的监管

一是遵循绿色、低碳、生态和可持续发展的理念，按照现代城市的标准、世界一流的水平，搞好省部共同推进的唐山湾新城、正定新区、黄骅新城、北戴河新区规划设计，每个设区市选择2个区域开展生态新区规划；二是深入挖掘和开发历史文化资源，完善文物保护单位、历史文化街区、历史文化名城三级保护体系，加强历史文化格局和景观风貌的整体保护；三是加强历史文化名城建设督导检查，在城市改造建设过程中实施保护性开发。

（六）推进数字规划应用

完善设区市数字规划应用，2010年内实现省市两级规划数据网内传输、网上运行、远程视频。2011年，纳入中心城市统筹管理区域的县（市）和所有县级市全部启动数字规划建设，基础数据工程建设达到新标准，基本建立省市县三级数字规划网络，三年内数字规划五大系统全部应用。

（七）具体工作举措

一是石家庄、唐山、邯郸尽快完善和启动轨道交通建设规划，争取尽早获国家批准实施。探索建立轨道交通建设组织架构和资金筹措机制。二是借鉴南京"1912"街区理念和开发模式，积极引进战略合作者，加强城市特色风貌街区建设，打造城市新"名片"。三是以创建国家生态园林城市为目标，提升我省园林城市建设水平，争取将条件较好城市列入国家生态园林试点城市。四是积极推进建筑业结构调整，培育绿色建设企业，提升在低碳、绿色、新能源等领域的施工能力，抢占高端建筑市场，提高企业竞争力，打造企业品牌。

绿色低碳理念编织城市绿道网

——珠海市绿道网建设的做法

2010年11月19日，宋恩华副省长在珠海市与巴西航空工业公司洽谈合作项目之余，就珠海市绿道建设情况进行学习考察，参观了绿道1号线及海天驿站等现场，与珠海市政府及有关部门负责同志作了交流。

一、规划建设基本情况

2010年以来，广东省借鉴欧美发达国家做法，作出了建设珠江三角洲绿道网的工作部署，并与城际轨道交通网　同列为"四年大发展十大工程"之首。绿道是由人行步道、自行车道等非机动车游径，租车店、休息站、旅游商店等配套设施及一定宽度的绿化缓冲带构成的线形绿色开敞空间，串联主要公园、自然保护区、风景名胜区、历史古迹和城乡居住区等，兼具生态、社会、经济、文化等多种功能。为整体推进绿道网建设，广东省制定了珠三角绿道网总体规划和技术导引，在全省规划建设总长1690公里的6条区域绿道，由主线、4条连接线、22条支线、18处城市交界面和4410平方公里绿化缓冲带构成，提出了"一年基本建成、两年全部到位、三年成熟完善"的目标要求。

珠海市按照广东省绿道网总体规划，结合亚热带海滨花园城市建设的总体部署，于2010年3月启动了总长300公里、投资5亿元的绿道建设工程，其中，区域（省立）绿道1号、4号线珠海段约80公里，城市绿道和社区绿道约220公里。

目前，1号绿道尽显"海上云天，天下珠海"的城市特色，4号绿道展现"山水环抱，田城相依"的山水田园特色，两条区域绿道与城市绿道、社区绿道一起，将珠海名胜古迹、人文景点、田园村庄、主要景观节点串联起来，使各个孤立的景点连串成珠，为市民提供了漫步观海、体验自然和运动休闲的绿色开敞空间，进一步凸显了滨海花园城市魅力和生态文明新特区的风貌。

珠海绿道主要由自然因素为主的绿廊系统和为满足游憩功能所配建的人工系统两大部分构成。具体分为配套设施、服务系统、交通衔接与换乘系统以及绿化缓冲区。

（一）配套设施

一是慢行道。由步行道、自行车道、无障碍道和综合慢行道构成，主要采用软性铺装，方便旅客出行和游憩。

二是标识系统。采用统一规范的信息、指路、规章、警示、安全和教育标志，两种以上标志合并安装在同一标志柱上。

三是基础设施。对绿道入口、停车场、环境卫生、照明、通讯、防火、给排水、供电等设施，进行统一设计、统一布置。

（二）服务系统

结合主要发展节点和沿线城镇布局，平均每20公里设置一个区域级服务区，主要配置游客中心、医疗点、信息咨询亭、治安点、消防点、机动车停车场、自行车停车场、治安视频监控系统等。在城市绿道设置若干驿站，配置租车站、休息站和旅游商店等，方便人们租车出行和休憩。

（三）交通衔接与换乘系统

设置香洲码头轻轨站与轨道交通衔接，在经过城市公交停靠站或地换站点的路段设置换乘点，并提供自行车租赁、停车等服务。

（四）绿化缓冲区

在慢行道周围，加强绿化建设，以高大乔木作背景，多种植物高低层次搭配，形成了较为自然的生态植物群落。

二、组织实施与主要成效

珠海市把绿道建设当作民意如天的大事，成立了市长任组长的领导小组，各区（功能区）也成立了相应机构，分解任务、明确责任，一级抓一级，层层抓落实。绿道规划建设工作遵循"四三"方略，即秉承"三因"（因地制宜、因形就势、因陋见巧），依托"三边"（山边、水边、林边），做到"三不"（不征地、不拆迁、不砍树），体现"三化"（生态化、本土化、多样化），着力打造滨海都市、田园郊野、历史人文、体育竞技、海岛休闲、工业生态等6种类型特色绿道，让绿道充分体现乡野的气息、地方的风情、多样的精彩和人文的关怀。市县两级发挥"一是干，二是干，第三还是干"的绿道精神，科学选线、加快施工，集中力量、夜以继日地加快建设步伐，在全省率先实现了区域绿道全线贯通。

共种植乔灌木约15万株，新建改造绿化面积33万平方米，沿途设绿道驿站14个，安装标识牌136块。绿道建设顺应了建设低碳城市的发展要求，提升了城市品位，改善了居民生活，促进了经济发展，显示出强大的生命力。

（一）完善了生态系统

珠海绿道网以绿化缓冲区为生态基础，串联起破碎化的生态廊道，增强了生态空间的连通性；增加了绿化面积，起到了净化空气、改善环境和维护区域生态安全的作用；有效保护了动植物物种的多样性，为野生动物提供了栖息地和迁徙廊道。

（二）改善了人居环境

珠海绿道将城市内部的公园、绿地与外部的自然保护区、风景名胜区串联起来，为居民提供了更适于休闲、更宜于游憩、更显出浪漫的生态绿色空间，也唤醒了人们的环保意识。每逢节假日，很多市民自发来到绿道，或骑车漫步，或徒步欣赏沿途美景，体验绿道带来的惬意和舒适。珠海绿道主题歌《绿道真好》中"散散步、骑骑车、哼哼歌、爬爬坡……"，唱出了珠海人的新生活。

温家宝总理在广东考察时，亲身体验了绿道骑车。当听说珠三角绿道今年基本建成、明年全部到位时，温总理高兴地称赞："这件事情办得好！"

（三）提振了地方经济

绿道网吸引了大量游客，许多外地游客也慕名前往，自行车比赛、垂钓比赛、登山比赛等活动竞相展开，直接带动了旅游观光、运动健身、宾馆餐饮等休闲产业和文化娱乐业发展。许多房地产商将绿道作为楼盘卖点，绿道周边楼价迅速攀升，促进了房地产业发展。

（四）促进了城乡一体化

区域绿道网将城市和乡村连接起来，优化了区域生态结构，促进了各地人流、物流的自由高效流动，形成了一体化的生活休闲格局，成为推动珠海城乡一体化发展的重要抓手。依托绿道建设，乡村道路建设得到加强，村里的环境得到改善，农村居民可以像城里人一样，享受出行的便利和休闲运动的快乐。

三、几点建议

（一）开展绿道建设试点

广东省及珠海市建设绿道网，是以雄厚的财力为基础的。我省整体推进绿道建设的条件还不具备，可以选择部分市、区作为试点，建设绿道、开展示范。目前石家庄市正在建设环城水系，建议在规划中增加绿道建设内容，在现有步行游径基础上改建自行车专用道，在现有服务设施基础上改建驿站，为全省开展绿道建设积累经验。

（二）加快生态城市建设

根据我省与住房城乡建设部关于生态示范城市建设的合作备忘录，着力打造曹妃甸新城、北戴河新城、黄骅新城、正定新区等生态城，在建筑节能、绿色建筑、城市森林等方面做好示范、提供借鉴。每个市都要建设1～2个示范项目，如绿色建筑、生态街区、低碳小区，打造我省的"城市最佳实践区"。

（三）强化城市慢行交通系统建设

当前，绿色低碳已经成为城市建设的主题。我省各城市应加大步行道、自行车道等慢行交通系统建设力度，提倡绿色出行，推行健康生活方式，解决好城市交通拥堵、环境污染问题。

（四）着力修复城市生态系统

根据我省园林城市建设标准，城市人均公共绿地面积、建成区绿地率和绿化覆盖率应分别达到10平方米、35%和40%。各城市都要按照这一标准，加大绿化建设力度，严格实行绿线控制，大幅度增加绿量，构建园林化、林荫化、网络化的绿化格局。大力度搞好河湖水系整治，打造亲水宜人的水景观，促进人与自然和谐共生。

宜居理念塑造生态居住区

——珠海市华发新城生态居住区的经验和启示

2010年11月19日，省政府考察团对珠海华发新城小区进行了考察。

一、华发新城主要特点

华发新城位于珠海新城的南屏，东、北紧依前山河，南面珠海大道，总用地面积约45万平方米，规划总建筑面积约70万平方米，规划人口近2万人，是一个具有大型商业街、中小学、会所等相关生活配套的大型综合性居住社区。整个项目分四期进行开发，是珠海迄今开发规模最大、配套最完善的高品位居住区，曾在中国城市土地运营博览会上入围"影响中国的三十大社区"，成为全国知名的楼宇品牌。华发新城不仅为生态宜居住宅建设提供了范例，也进一步完善了珠海的城市功能，提升了城市形象。华发新城的主要特点：

（一）高标准的规划设计

华发新城小区中，高层、小高层、多层、别墅等住宅错落有致，小区行车路、步行道蜿蜒曲折，各种植物层次搭配，形成宜人的空间尺度，匠心独具，让人心旷神怡、过目难忘。据项目负责人介绍，华发新城邀请国际知名的新加坡雅思柏设计事务所，在"新加坡规划之父"、著名规划建筑大师刘太格的主持下进行项目规划设计，同时委托世界排名第五的新加坡贝尔高林设计公司进行景观设计，华瑞德国际生态工程技术中心进行生态规划。

（二）建筑装修一体化

小区建筑与周边环境、建筑内部与外部，形成一样的风格、相同的品位，给住户提供一个高品质的居住社区。据了解，华发新城小区顺应精装住宅的发展趋势，推行高标准、个性化的精装修住宅，将精装修设计贯穿于项目前期定位、建筑与户型设计、装修设计、施工过程深化设计的全过程。华发的室内外装修充分考虑住户的需求，风格上追求个性化，选材上采用绿色环保低碳建材，控制住户室内空气质量，提升了小区建设品质，也节约了资源，受到业主的欢迎。

（三）极富特色的生态景观

华发新城的绿化给人留下了深刻印象，小区的过道、走廊、天台都布置了不同品种的树木和花草，形成了层次分明、布局合理的生态空间，整个小区都处在绿色植物的包围之中，把水和绿色带到居民身边。

小区布置了各种现代风格的水景、亭台和雕塑，与植物花草相映成趣。最吸引人的是1.2公里的沿河景观公园，铜像雕塑喷水池、漏水花岗岩喷泉、巨型弓形水柱、圆石喷泉、鲤鱼池、新加坡风情木质凉亭等，共同构成了精美的园林景观。很多小区居民在优美的环境中漫步、游玩，显得十分舒适和惬意。

据了解，华发新城建设秉持生态宜居的理念，对绿色空间进行了精心设计，主要由滨河公园、住区外围防护绿色空间、建筑组团外围和庭院绿色空间、建筑架空底部绿色空间以及立体空间绿化组成，巧妙地将生态规划、建筑规划、景观规划融为一体。同时，对水系统处理、再生能源利用、生态建材运用及生活垃圾处理等方面进行了科学规划建设。

（四）完备的配套设施

小区内有幼儿园、中小学，有大型会所、大型商业中心、超市、银行、便利店，以及社区医疗服务中心、河滨公园等配套设施。还设有可供居民参与的设施，如烧烤场、滑板道、儿童沙池、游泳池等。完备的配套设施，满足了小区住户生活、休闲、教育、医疗等各种需求，让人感到功能完善、舒适便捷。

（五）地下空间的科学利用

漫步整体小区，地面没有车辆停放，显得空间开阔、整洁有序。在项目负责人的引领下，考察团参观了小区半地下阳光车库。车库充分运用地下空间，把地面空间让给了绿地、居民活动空间及相关配套设施。车库地面全部采用专用防滑地坪漆铺制，用柱子的不同颜色，帮助业主辨别停车区域，用清晰规范的灯箱指示方向。车库内密集的管网经过精心的整理和控制，车库内设有景观入口和采光景窗，显得有序、实用、美观，处处让人感到小区建设的精细化和人性化。地下车库设有采光通风窗口，充分采用自然光照明，拥有了足够的亮度和通风效果，大大节省了人工照明的成本。

（六）智能化的管理和服务

华发小区管理秩序井井有条，得益于智能化的管理和服务。据了解，小区管理充分运用高科技手段，周界防越报警系统、闭路电视监控系统、非接触式IC门禁系统、可视对讲系统、智能停车管理系统、家居红外防盗报警系统、家居燃气泄露报警系统、家居紧急求助报警系统、宽带互联网系统、有线电视系统、紧急广播与背景音乐系统、电子巡更管理系统等，形成了完善的数字管理体系。

二、有益启示

（一）严格规划审查和监管

华发新城建设的实践证明，只有高水平的规划设计，才能建成高水准的人居环境。提升我省的城市建设水平，必须发挥好规划的引导和控制作用。要严格规划审查，任何城市建设项目都要符合城市总体规划和控制性详细规划，并把容积率、绿地率以及景观环境、第五立面、文化等作为审查的重要内容。要加强规划监管，对擅自提高容积率、增加建筑高度、扩大建筑面积的行为，要依法严厉查处，确保规划不折不扣的执行。

（二）引进战略投资者

华发新城高水平的规划设计、精细化的管理服务，都源于华发集团先进的理念和雄厚的实力。我省城市建设上水平出品位，也要引进战略投资者，引进的规划设计单位，广泛采用节能环保新技术、新产品和先进管理理念。对于大型公共建筑和城市基础设施、片区综合开发、旧城改造提升、大型的住宅小区等重大城建项目，都要精心谋划、精心规划、精心设计、精心打造。

（三）用地域文化塑造城市特色

华发新城借鉴了新加坡先进的规划设计理念，但不是简单的模仿照搬，而是充分利用该地块拥有1200米河岸线的特有资源，考虑了当地的生活习惯，在继承基础上实现了创新，形成了特色品牌。我省的城市建设要避免千城一面的误区，既要借鉴先进经验和成功范例，更要挖掘各地独特的自然禀赋、区位特征、人文资源，融入建筑风格、景观环境、城市家居等建设中，着力推进城市有形文化建设，形成独特的城市风貌。

长株潭一体化引领城市群加速崛起

——湖南省培育城市集群的战略谋划和战术操作

2007年10月14日至18日，河北省住房和城乡建设厅朱正举厅长带领有关处室负责同志，赴湖南省就城市化、城乡规划建设管理和住房保障等工作进行考察学习。考察组先后与湖南省建设厅领导座谈交流，实地考察了长沙市、湘潭市、韶山市和衡阳市南岳区的城市建设。

一、基本情况

湖南省国土面积21.18万平方公里，大部分位于洞庭湖以南，湘江流贯全境。2006年，湖南省总人口6768.1万人，生产总值7493.17亿元，增长12.1%。财政总收入891.16亿元，增长19.3%。三大产业结构比为17.8∶41.7∶40.5，其中第二产业增加值占生产总值比重提高1.8个百分点。城市化率达到38.7%，比上年提高1.7个百分点，长沙、株洲、湘潭三市城市化率超过50%。

湖南省现有设市城市29个，其中设区城市13个、县级市16个、县城72个、建制镇903个。城镇规模等级为：特大城市1个、大城市6个、中等城市8个、小城市14个。城市平均规模为38.10万人、35.76平方公里，县城平均规模为9.42万人、9.35平方公里。

湖南省城镇体系初步形成"一点、一轴、二带"空间布局。"一点"即长株潭城市群。"一轴"即南北向的城镇发展轴，指107国道和京广铁路沿线、平均相距不足70公里的临湘、岳阳、汨罗、长沙、株洲、湘潭、衡阳、耒阳、郴州9个城市组成的以大中城市为主的城市发展轴。"二带"即两条东西向的城镇发展带：沿320国道和湘黔铁路，东通醴陵，经娄底、邵阳，西至怀化；沿长吉高速公路，经益阳、常德，到张家界、吉首。"一点、一轴、二带"串联了湖南20个大中小城市，占全省设市城市的68%。

2006年，湖南省城市人均道路面积10.01平方米，万人拥有公交车辆8.98标台，用水普及率90.27%，燃气普及率75.95%，生活垃圾无害化处理率46.31%，人均公园绿地面积6.99平方米。县城相应的设施指标分别为道路面积9.76平方米，万人拥有公交车辆2.60标台，用水普及率80.42%，燃气普及率55.78%，生活垃圾无害化处理率1.94%，人均公园绿地面积5.42平方米。

二、主要经验

湖南省经济社会发展、城市化进程和城市建设等情况与我省相近，无论发展思路还是具体举措，都具有重要借鉴价值。这次考察突出感受到，湖南省大力培育城市集群，大手笔塑造城市亮点，精细化管理城市等经验做法，值得我们认真研究学习。

（一）长株潭一体化措施得力

为了提高湖南的核心竞争力和区域整体实力，1998年，省委、省政府作出实施长株潭经济一体化决策，提出"总体规划引领、产业发展主导、基础设施支撑"的思路，强调"交通同环、电力同网、金融同城、信息同享、环境同治"的要求，长株潭一体化进程正式开始起步。

湖南省把优化区域城镇空间布局，作为推进一体化的重要平台。湖南省政府专门成立长株潭经济一体化协调领导小组，组织编制了《长株潭城市群区域规划》。在此基础上，湖南省建设厅编制了《长株潭都市区建设管制规划》，协调三市城市总体规划，为重大项目建设和区域生态环境保护提供管理依据。建立长株潭规划局长联席会议制度，湖南省建设厅牵头三市政府及规划局，对关系长株潭城市功能组合、产业布局优化、区域资源共享、环境保护等，定期进行研究和协调。2007年9月，湖南省人大颁布《长株潭城市群区域规划条例》，进一步为长株潭一体化创造了法制条件。

为促使长株潭相向发展、城区逐渐靠拢，湖南省政府于2004年从长沙市中心南迁。以此为契机，长沙市南拓芙蓉路，加快天心生态新城路网建设，加速与湘潭、株洲对接；株洲市建设株洲大道，加速与湘潭对接；湘潭市改造韶山大道、板塘大道，加速与长沙对接。同时，产业对接为长株潭一体化奠定了基础。以发展园区为载体，优势产业聚集效果明显，形成了以中联、一汽福田等为核心的长沙重型机械、汽车制造集群，以株洲电力机车等为核心的城市轨道制造集群，以湘钢、衡管等为核心的精品钢材制造集群。产业集群化发展，使企业相互利用副产品，共享基础设施和社会化服务，带来了整个经济活动成本的降低；城市一体化产生的空间扩大和人口增加，使企业获得了规模效益。

区域基础设施共建共享，为长株潭一体化创造了有利条件。长株潭之间、长株潭与周边相邻城市全部实现高速公路相连，新建城际高速公路进展顺利。长株潭城乡电网改造、一体化金融电子网络、信息传输网络等工程已经建成，长株潭一体化公交车正式开通，三市移动通信实现同城计费。"十一五"期间，长株潭还将建设长株潭城市轻轨、湘江生态风光带、长株潭"绿心"保护等一大批重点项目，一体化进程进一步加快。

（二）规划实施机制完善

重视发挥规划的调控指导作用，着力创新管理机制，加强对规划实施的监督。2005年，湖南省政府成立省城乡规划委员会，统一协调指导、研究审核及监督检查全省城乡规划工作。委员会由省长任主任，分管副省长任常务副主任，办公室设在建设厅，每年拨付经费80万元。以规委会为平台组建了由38名专家构成的专家委员会，对湖南全省城乡规划及其重大问题进行咨询、研究、论证和评估。2006年以来，经专家委员会审查的规划达30多项，由专家领衔开展的城乡与区域协调、村庄规划与整治、规划行政责任追究制度等课题取得重要成果。

湖南省城乡规划的工作制度比较健全。一是建立报告制度。每年底，各级政府向同级人大或其常委会，各市州规委会向省规委会，各级规划部门向上级规划部门报告城乡规划工作情况。二是建立公示和听证制度。从2007年7月开始，14个市州和大部分市县的规划编制和实施，都要向社会进行公示或组织听证，提高了规划的透明度。三是建立工程竣工规划验收制度。规定建设工程在办理竣工备案手续之前，必须进行规划验收，符合规划的才能核发《建设工程规划许可证》。四是建立规划督察员制度。主要采取巡查的方式，已向长沙、湘潭、岳阳、常德、郴州等6市派驻了规划督察员。

规划实施的保障体系较为完善。各级规划部门积极推进法制建设，制定了一系列规划编制、审批、实施的规范性文件，仅长沙市近两年就出台、修订了20多项法规、规章。特别是长沙市将总规划落实到细微之处，实行控制性详细规划阳光操作和全面覆盖，具有重要借鉴意义。2004年9月，长沙市规划局联合《长沙晚报》，陆续将20个重点片区的控制性详细规划公示于众，其余60多个片区控规公示于《湖南城乡规划信息港》，让广大市民充分了解和参与，提高了控制性详细规划编制和实施的民主性、法制性和科学性。湘潭市开放详细规划和城市设计市场，在东方红广场建设中引入设计方案国际招标，提高了规划设计水平。

（三）注重提升城市品位

近年来，湖南省把城市基础设施建设作为推进城市化的重要载体。"十五"期间，全省城市（含县城）完成市政公用基础设施投资784亿元，占全社会固定资产投资的9.3%。其中设市城市完成投资607亿元，年均增长28.3%，为"九五"的3.7倍，增长266%。城市市政设施水平大幅度跃升，湖南全省设区城市污水、垃圾处理等主要设施指标，在全国的位次前进了4~6位。湖南省非常重视以绿化为主体的城市环境建设，湖南省人大专门作出《关于开展城市绿化周活动的决议》，湖南省政府办公厅印发《关于加强城市绿化工作的通知》，2005~2006两年间，湖南全省设市城市建成区绿地率提高了3.4个百分点。"十一五"期间，湖南省将继续加大城市基础设施投入，特别是《湖南省市政公用事业特许经营条例》的颁布实施，加快了市政公用事业社会化、市场化进程。2006年，湖南全省城市（含县城）完成城市基础设施投资255亿元，增长15.2%。

　　长沙市对湖南全省的辐射带动作用明显，大投入带来了城市功能大提升，高标准建设产生了品牌效应。1998年，长沙市委、市政府确立"东引西拓、优势带动、环境先导、城市提升"发展战略，拉开了城市巨变的序幕。"十五"期间，该市共完成投资288亿元，年均增长30.1%，占湖南全省设市城市总投资的47.4%，对城市道路、街区、建筑、绿化进行了全面系统的改造。二环线全面贯通，立交桥环环相连，城市交通网络全面升级。新建湘江北、黑石铺、月亮岛、三汊矶等跨江大桥，形成"六桥卧波"的壮观景象。特别是以城区南拓、省政府南迁为契机，构建天心区生态新城，拉开了城市发展框架，开启了星城面向长株潭一体化，建设现代化城市的未来之门。2002年6月，长沙市委、市政府审议通过《长沙市天心区国家级生态区建设规划》，将城市主体南部1776.23公顷地块建设成为"一心"（以省政府新院为核心的省级行政文化中心）、"两轴"（长沙大道、蔡家冲路文化产业发展轴）、"三园区"（高科技生态产业园、生态居住园、生态休闲园）。目前，以湖南省政府新院为中心的17.7平方公里核心区已见雏形，天心区发展进入快车道。2006年1~11月份，该区GDP总值161亿元，同比增长15.1%；地方财政收入8.2亿元，同比增长30%，增幅高出全市平均水平10个百分点。

　　湖南省文化底蕴深厚，历史上英才辈出，素有"唯楚有材，于斯为盛"的美誉，城市建设中的文化特色非常突出。各市打文化品牌、塑城市特色，湖湘文化精髓得到充分继承和发扬。长沙市湘江风光带熔自然与文化、历史与未来于一炉，以高起点规划、高水平设计和高质量施工打造亮丽的城市品牌，成为长沙市城市建设的重要里程碑。湘江风光带以休闲长廊和雕塑为主景，配以形式各异的小广场、景观小品、灯光亮化等配套设施，组合种植了多品种乔木和灌木，体现了江水两岸相互映衬的独特景色。由此，长沙市荣获中国人居环境奖水环境治理优秀范例城市称号。目前，长沙市委、市政府把湘江风光带作为最大的城市品牌来经营，计划在今后两年进行土地整理、拆迁安置和基础设施配套，完成湘江两岸28公里的风光带建设，推动风光带进一步向南北延伸，突出抓好橘子洲风景区、三角洲—五合垸片区、河西滨江新城区、南湖片区、湘江明珠—金外滩片区、湘江长沙段航电综合枢纽等项目建设。齐白石故乡湘潭市结合白马湖渔场环境整治，建设开放式文化公园，用精巧的环境艺术设计，配以纪念馆、雕塑等要素，将白石老人曲折人生和文化精髓融于公园，成为湘潭城市文化的窗口。

（四）城市管理力求精细

近年来，湖南省深化城市管理体制改革，着力建立规范高效的城市管理体制。明确市、区、街三级管理职责，设区市按照城市管理重心下移和立足基层的思路，完善"两级政府、三级管理、四级网络"的模式，确立区级政府在城市管理中的基础性地位。开展城市管理进社区活动，赋予街道办事处在城市管理方面的职能，消除了城市管理的"死角"。

各市加强城市环境综合整治，集中治理城市出入口、主次干道、小街小巷、施工现场等重点部位，基本解决了乱停乱放、乱写乱画、乱贴乱挂、乱摆摊点问题。同时，新建和改造提升了一批高品位小游园、风光带、绿化广场，受到人民群众的喜爱和赞誉。这次考察的两市一区，大街小巷干净、整洁，街道绿化布局合理、层次分明，开场空间近水、亲绿、宜人，广告牌匾少而有序，夜景照明亮化适度、形式优美，直观的印象中反映出城市管理的精细化内涵。长沙湘江风光带设计巧妙、做工细腻，堪称精细化管理的典范。大到主要环境设计、建筑造型、色彩运用，小到石阶、栏杆、休闲椅、果皮箱配置，处处彰显出建设者的匠心和妙笔。杜甫江阁气势雄伟、四羊方樽栩栩如生，凝练的文化内涵、精美的环境艺术，大大升华了城市的品位。

（五）住房保障和景区管理扎实深入

湖南省把住房作为重要的民生问题来抓，大力推进住房保障工作。截至2006年底，湖南全省城镇累计筹集廉租住房资金3.08亿元，建设和筹集廉租住房70.12万平方米，保障户数达2.1万户。2007年7月，省政府进一步下发了《关于加快城镇廉租住房建设的通知》，在资金筹措、房源筹集等方面提出了切实可行的措施，确定到2009年底前基本解决人均8平方米以下家庭的住房困难问题，长沙、岳阳、湘潭等市州也相继出台实施办法和细则。湖南省政府要求各地新建、改建和收购一批廉租住房，实物配租保障户数达到廉租住房保障总户数的40%以上。同时，积极探索银行贷款的新途径，由国家开发银行与城市政府等主要投资者共同成立廉租住房产业基金管理公司，以基金投资的模式在长沙市试行廉租住房建设。

湖南省风景名胜资源丰富，共有3个国家级、10个省级风景名胜区和遗产单位。多年来，湖南省对景区资源环境实施极为严格的保护，实行"一景区一条例"管理模式，对每个景区的资源与环境保护、规划与建设管理等，都作出非常详细的规定，出台了《湖南省风景名胜区管理条例》和武陵源、莨山、南岳衡山、岳麓山等景区的专项保护条例，以及一批规章和规范性文件。为了申报联合国世界自然和文化遗产，在湖南省建设厅专门设立申遗办公室，加大对申报景区的监督管理和环境治理力度。南岳衡山积极为申报世界双遗产创造条件，下决心拆除各类建筑物，拆迁面积达5万多平方米。

此外，湖南省的小城镇建设也有很好的经验。湖南省委、省政府下发《关于加快小城镇建设统筹城乡协调发展的意见》，要求每个省直厅局包扶1个建制镇，湖南省财政每年拿出2000万元专项资金，补助小城镇规划编制，各部门责任明确而具体，形成了扶持小城镇发展的合力。

三、有益启示

这次考察活动是建设厅学习贯彻党的十七大精神，面向加快推进我省城市化进程新形势，以实际行动谋划和推动工作的具体措施。通过学习经验、查找差距、梳理思路，获得了宝贵的启示。

（一）加快培育城市群，促进区域和城乡协调发展

城市群是城市化发展形态的新选择，已经成为我国新一轮财富增长的战略平台。《十七大报告》指出："要以增强综合承载能力为重点，以特大城市为依托，形成辐射作用大的城市群，培育新的经济增长极。"继"珠三角"、"长三角"崛起之后，环渤海地区成为我国新的经济增长极，环京津城市群纳入国家"十一五"发展规划。我省地处环渤海核心地带，京津两大都市呈现出要素聚集向聚集和扩散并重转变的趋势，新一轮结构调整促动"南资北移"，特别是大规模开发建设曹妃甸工业区，为我省加快发展带来历史性机遇。深入研究和大力培育城市群，是实施城市化战略的重大课题。

城市群是促进区域协调发展的有效途径。湖南省长株潭一体化历经24载，关键是把战略逐步化为战术实施，才得以实现突破和起飞。近几年，湖南省制定《长株潭城市群区域规划条例》和《长株潭城市群区域规划》，并深化编制了长株潭生态经济带、都市区建设管制、湘江风光带等系列专项规划，将一体化不断向深入推进。我省发展城市集群，也要重视战术层面的操作。目前，国家已完成《京津冀都市圈规划》，建设部正在编制《京津冀城镇群规划》，我省也编制了《沿海城镇空间布局规划》等，战略层面上已比较成熟，亟待进一步做深做细，实施战术性突破。为此，建议尽快编制城市群产业布局、空间管制、基础设施建设等专项规划。建立区域协调机制，统一协调地区、部门等各方关系，提高区域资源配置效率。适时调整行政区划，适当拓展中心城市发展空间，解决市县同城、区县同城问题，推进县级区划建制的调整创新。改革行政管理体制，采取扩大行政管理权限、建设用地指标倾斜等措施，为城镇加快发展创造条件。

促进城乡协调发展是城市化的重要内涵。我省是农业大省、农村人口众多，必须准确把握发展的阶段性特征，坚持走城市化道路，以城市辐射带动和反哺支持农村发展。要改革规划管理体制，推行城乡规划一体化编制，逐步实现城乡规划的全覆盖，用规划手段调控指导城乡协调发展。将设区市规划局统一更名为城乡规划局，在县级设立城乡规划局，强化对村镇建设的指导、管理和服务。加快小城镇建设，充分发挥其"贴近三农"，就近转移劳动力和服务农村发展的作用。协调督促各地和有关部门，认真落实省委、省政府关于小城镇建设的扶持政策。借鉴湖南省经验，对省政府重点培育的50个重点镇，建议由省直厅局进行包点扶持。

（二）加强城市建设，提高承载产业和人口的能力

作为资源和财富的配置中心，城市是带动区域经济增长的"火车头"；作为科技、文化和教育的先导中心，城市是促进社会进步的"孵化器"，没有城市的现代化就不会有全省的现代化。近几年，我省城市建设取得明显成效，但仍存在承载能力弱、建设水平低、容貌环境差等突出问题，远不适应经济社会发展需要，要切实把城市作为区域竞争的战略节点，进一步加强建设，

加快发展。

一是加大基础设施建设投入。要根据经济社会发展需要,保持一定的投资规模。按照国内外一般的经验,城市基础设施建设投资占全社会固定资产投资比重要达到7%以上。充分发挥政府投资和市场融资两个作用,解决好钱从哪里来的问题。对于非经营性基础设施项目,城市政府要切实履行责任、保障投入,其他项目都要引入市场机制。进一步开放城市市政公用市场,吸引非公有资本参与投资、建设和经营。搞好项目谋划和包装,采用BOT、TOT等国际通行模式,积极争取各类外资以及政策性银行贷款。深化市政公用事业改革,为市场化融资提供畅通的渠道。完善市政公用事业特许经营制度,改革产品和服务价格形成机制,加强和改善政府的监管和服务。

二是加快基础设施项目建设。根据我省普遍存在的问题,应重点抓好四个方面建设:路网建设改造,重点是提高支路网密度,改善路网结构,尽快解决丁字路、断头路问题。污水和垃圾处理设施建设,重点是弥补县城和建制镇污水和垃圾处理设施缺项,按照省《环境保护"十一五"规划》确定的目标,如期完成89个污水处理和40个垃圾处理项目。地下管网建设,重点是提高地下设施的建设标准,完善供水、排水、燃气等管网运行功能,克服频繁开挖、拉链式作业的弊端,切实把关系城市安全的地下生命线建设和养护好。生态环境建设,重点是以创建园林城市为抓手,构建绿量充沛、布局合理、景观优美的城市绿化体系,着力建设宜居城市。

三是完善住房保障体系。我省城市人均居住面积26平方米,但发展不平衡,仍有一部分居民住房条件亟待改善,城市人口的快速增长也不断增加住房供给的压力。要树立住房乃"民生之本"的思想,加强住房保障工作。推进廉租住房建设,扩大保障范围,做到应保尽保。改进和规范经济适用住房管理,完善住房公积金制度。为改善群众居住条件和环境,加快城市现代化步伐,在全省城市实施"三改"工程。对设施不配套、功能环境差,但尚可使用的旧住宅小区进行改善;对不具有改善和保护、利用价值的棚户区进行改建;加快城中村改造步伐,妥善解决拆迁安置、就业社保、集体资产处置问题,同步实现社会组织形态和个人身份转变。

（三）利用自然和人文资源，塑造富有个性的城市特色

自然造化和文化积淀是城市特色的血脉和灵魂，科学、合理、艺术地进行保护利用，就会焕发城市的生机和活力。第一，搞好自然环境特色营造。我国古代的"天人合一"思想强调人与山水自然和谐相处，追求造物的"宛自天成"，对城市形象建设具有重要影响。城市规划设计要引入"山水城市"、"生态城市"理念，深入了解城市自然景观禀赋，尽可能保护山、水、绿地资源，因地制宜地精心构思城市形象。加快城市河湖水系环境综合整治，打造近水、亲绿、宜人的开敞空间，规划建设好小游园、风光带、绿化广场。提高园艺和景观艺术水平，精心设计、精雕细琢地搞好城市绿化、公共建筑、居住小区建设。

第二，搞好人文环境特色营造。河北历史悠久，璀璨的燕赵文化是塑造城市个性形象的根基。要大力倡导"以文立市"，以文化滋养城市，以文化经营城市。切实保护好历史文化遗产，积极创建文化名城、文化名镇，深入挖掘和提炼城市历史文脉，塑造独具个性的城市形象。制定相关政策法规和标准规范，把文化要素融合到城市规划设计和建设管理的每一个环节。按照政府主导、市场运作的原则，加快博物馆、艺术馆、图书馆、纪念馆、剧院等文化设施建设，为传承和繁荣城市文化提供载体。搞好城市社区文化游园、雕塑、健身娱乐设施的规划建设，丰富市民的精神文化生活。

第三，搞好城市形象设计。城市设计是对城市体型和空间环境所作的整体构思和安排，贯穿于城市规划的全过程。要改进和深化规划编制工作，大力开展城市设计，按照彰显大气、恪求精细的思路，处理好城市空间关系，做好街区、建筑景观设计。推动规划师与建筑师紧密合作，从城市的总体空间布局，到局部地段建筑群和重要建筑单体设计，不仅要科学合理，而且要艺术美观。城市设计既要植根于民族和地域文化的土壤，又要善于吸收国外先进理念。扎实做好调研论证等基础工作，充分发挥专家和公众的作用，实行城市设计的科学民主决策。坚持实事求是、量力而行，防止急功近利和粗制滥造。

（四）推行精细化城市管理，建设环境优美的宜居城市

城市管理是关系城市发展质量的永恒主题。管理的精髓在于"理"。《说

文解字》对"理"的解释，就是把石头雕琢成美玉的意思，城市管理也要这样精雕细琢。要立足于建设现代化宜居城市，以精细化为核心、标准化为基础、人性化为导向，进一步加强和改进城市管理工作。

一是完善城市管理体制。城市管理是个大系统，必须有健全协调的管理体制作保障。要推行"两级政府、三级管理、四级网络"模式，市、区、街三级都要明职责确，细化分工。在设区市实行城市管理重心下移，明确三级组织的管理权限和义务，城市管理向社区延伸，赋予街道办事处管理职能，让城市管理横向到边、竖向到底，实现全覆盖。完善环境卫生"门前三包"制度，使机关、企事业单位和个人都参与到城市管理之中。

二是大力整治环境容貌。在全省开展城市容貌综合整治活动，严格执行城市规划和建设管理标准，坚决拆除城区违章建筑，查处乱搭乱建，清理乱设广告牌匾，用三年时间根除"脏乱差"的顽症。完善城市管理办法和标准，各市对户外广告牌匾、标示警示等设置，都要作出详细的规范，有计划地对城市街景进行美化。推行市政建设文明施工，合理安排工期和建设时序，尽量减少对群众生产生活的影响。推行人性化文明执法，采取管理和疏导相结合的方法，解决好马路市场、摆摊设点等问题。

三是推进管理手段创新。把"12319"城建便民服务热线与数字化城管结合起来，加快完善城市管理体系。服务热线要进一步拓展范围、延伸层级、提高标准，为人民群众提供安全可靠、优质便捷的服务。积极开展数字化城市管理试点，引入标准化管理理念，应用计算机网络技术，整合管理资源，优化管理流程，变定性管理为定量管理，变被动应付为主动服务。

综合功能大提升启动城市新发展

——浙江省推进城市改造建设的新起点

为加快推进我省城镇化进程，深入开展城镇面貌三年大变样活动，省建设厅组成考察组，于2008年5月19日至24日赴浙江省考察学习城市建设工作。考察组实地考察了杭州、宁波、东阳、义乌的规划建设和管理情况，与当地有关部门、企业和单位座谈，并就学习借鉴经验、引进战略投资者参与河北城市建设等，进行了沟通和交流。

一、主要经验

浙江省是我国改革开放的前沿，经济社会发展水平处在先进行列。近些年，浙江省通过不断提升城市综合载体功能打造加快发展的平台，努力在新一轮产业重组和结构调整中获取优势地位，许多经验做法值得我们学习借鉴。

（一）高起点、高标准的规划

进入新世纪以来，浙江省城市建设再掀新高潮，综合载体功能向着现代化大步跨越。杭州市委、市政府提出"城市东扩、旅游西进、沿江开发、跨江发展"的战略，积极推进城市建设由围绕西湖建设发展的"西湖时代"，跨入以钱塘江为依托，跨江、沿江发展的"钱塘江时代"，规划建设钱江新城。宁波市实施"中提升"战略，把加快中心城区集聚和服务功能的提升，作为启航城市未来发展的引擎。明确中心城区的国际商贸、运输物流等"六大功能"定位，实施中央商务区、湾头休闲旅游区等"十大区块"城市空间开发，加快港口物流、立体交通、生态景观等"八大系统"基础设施建设。义乌市坚持"兴商建市"发展战略，从"鸡毛换糖"、马路市场起步，通过繁荣发展小商品市场，积极推进市场化、工业化、城市化，走出了一条独特的区域经济社会持续快速协调健康发展的成功道路。当前，义乌市委、市政府进一步实施"大规划、大建设、大提高"的举措，着力增强城市集聚和辐射功能，构筑以中心城区为核心，中心镇组团式布局，中心村协调发展的城乡一体化格局。

浙江省新一轮城市建设水平较高，规划设计起着关键的作用。他们全面开放市场，实行规划方案国际招标，采取国内外知名设计单位与本地设计单位项目合作的方式开展规划编制。城市政府舍得在规划上投入，其中，宁波市2007年用在规划编制上的资金达5100万元，这还不包括区级政府的投入。义乌市作为一个县级市，每年从财政拿出1500多万元用于城市的规划编制。普遍重视规划的基础研究、咨询论证，规划编制体系比较完备，保障了规划成果的高质量、高水平。杭州钱江新城规划采用国际招标以及宽领域、深层次的设计合作，既引入了当今世界先进的规划理念和技术，又融入了深厚的民族文化，把现代化功能与钱塘风貌凝结为一体，以高绿地率、低建筑密度和大规模地下空间开发，以高建筑群地标、亲水性"城市阳台"的景观构思，彰显出开放、大气的时代特征和人本、亲民的文化内涵，形成鲜明的城市特色。

（二）大气魄、大手笔的建设

改革开放以来，杭州市不断掀起一轮又一轮城市建设高潮，在全省始终发挥着"领头羊"作用。2006年，杭州市面向2010年提前基本实现现代化的目标，开始实施新一轮"十大工程"，总投资额达5000多亿元，其中城市综合交通、生态建设、新城区开发等城市建设项目占了很大比重。2007年，全市重点建设228个项目，完成投资382.44亿元，杭浦高速公路杭州段、石大快速路改建工程建成通车，杭甬运河杭州段基本建成，地铁一期、钱江隧道、江东大桥等项目加快推进。2008年5月1日，全长36公里的杭州湾跨海大桥全线通车，成为世界上最长的跨海大桥。从此，上海和宁波的陆上距离缩短了120公里，在沪杭甬之间形成一个2小时的"金三角"交通圈，进一步提高了长三角城市群的一体化程度。

近十几年来，宁波市城市建设进入快车道，中心城区面貌发生巨大变化。中山路、药行街、人民路、解放路等一大批道路和桥梁工程，"三江六岸"绿地、月湖公园、日湖公园等一大批绿地、公园项目，都建成于这一时期，天一广场、宁波大剧院、美术馆、城展馆、国际会展中心等成为宁波面向世界、迈向现代化的标志性建筑。2006年，宁波市进一步实施"中提升"战略，一大批重点建设项目开工建设，仅2008年开工的11条绕城高速连接线工程，总投资达80亿元。特别是他们瞄准现代化，确定"六大功能"定位，按照"十大区块"进行成片区、成系统的综合建设改造，进一步放大了城市建设的效益，凸现出城市发展模式由注重规模扩张、形态建设向注重功能提升、内涵发展的革命性转变。

1983年，义乌城区还是一个面积2.8平方公里、人口3万人的小镇，到1990年也只有5.8平方公里、8万人。1997年以来，义乌把城市发展目标定位为国际性商贸城市，提出建设国际性小商品流通中心、国际性小商品制造中心、国际性小商品研发中心和国际购物天堂的目标。义乌市政府每年投资数十亿元资金，建设了一大批城市重大基础设施和功能设施，实施大规模旧城改造，组织大面积的城区绿化，高标准建设了绣湖公园、伊美广场公园、国际商贸城、江滨园林景观绿廊等城市精品工程，以城市功能和面貌的大提升，促进了经济社会的大发展。到2007年，城区面积达到87平方公里、人口85万人，城市化水平接近70%。义乌市秀湖广场项目将旧城改造、广场建设、地下空间利用结合起来，地上广场面积9.8万平方米，地下商城面积达8万平方米，成为集商业、文化、休闲、交通和防空防灾等功能为一体的现代化、高品位、立体型的商业文化街区。

（三）新思路、新理念的经营

浙江省在城市建设中积极探索新型融资方式，筹资渠道不断拓宽。杭州市盘活城市公共资产，先后对政府投资建设的杭州复兴大桥、七格污水处理厂、杭州绕城高速等设施成功进行了经营权出让。尝试通过资本市场来筹措城市建设资金，2005年首次成功发行10亿元城市建设债券。推出基础设施建设项目的集合资金信托计划，2005年发行规模约为20亿元。钱江新城开发建设全面实行招商引资模式，财政没有出一分钱，已引进40家企业集团，建设60余幢高档商务楼、高星级宾馆，总开发量达420万平方米。

宁波市对部分非经营性城市基础设施项目尝试新型融资方式，"五路四桥"市政工程投资达78亿元，全部通过BOT模式进行融资。在综合开发项目上，宁波市根据项目性质采取不同运作模式：对于公益性建设项目（如"天一广场"），实行大企业开发和经营，项目由城建投资公司投资开发，对外"只租不售"，项目收益纳入企业资本滚动投入城建项目；对于重点块区建设项目（如"南部商务区"），实行总部经济模式，每一幢高层建筑一个业主进行招商，要求大企业总部迁入，政府在土地、税收等方面给予优惠政策；对于一般性住房项目，实行房地产开发销售。

义乌市实施以盘活土地资产为重点的经营城市战略，每年政府由此获得的收益高达60多亿元，其中绝大部分是靠土地招标拍卖得来。随着城市功能的逐步完善，城市品位的不断提高，土地价格也一路飙升，平均每平方米地价在2.5万元左右，其中最高地价达22.8万元/平方米，仅土地出让一项就为政府汇集了巨大的财富，每年用于城市基础设施建设近100亿元，为完善城市功能、改善形象提供了充足的资金支持。

二、有益启示

这次考察活动是建设厅学习贯彻省委七届三次全会精神，面向加快推进城镇化进程、深入开展城镇面貌三年大变样活动新形势，以实际行动谋划和推动工作的具体措施。通过学习经验、查找差距、梳理思路，获得了有益的启示。

（一）以城镇面貌大变样引领城镇化健康发展

城镇是经济社会发展的火车头，城镇面貌集中反映了一个地区的现代化水平。我省处在工业化发展中期阶段，加快推进城镇化进程，是河北实现现代化的必由之路。当前，我省城镇面貌普遍较差，已经成为制约经济社会发展的主要因素，迅速改变落后面貌，大力提升城镇承载力和辐射力，已经成为现阶段我省推进城镇化的迫切需要。省委七届三次全会作出开展城镇面貌三年大变样活动的重大决策，顺应城市发展规律，符合人民内心期盼。各级各部门统一思想、强力推进、真抓实干，形成了举省一致的行动。目前，拆迁改造的效果已经初步显现，产生了较大影响力，得到了绝大多数群众的认同和支持，为下一步深入推进创造了有利环境。

实现城镇面貌三年大变样目标，时间紧迫、任务艰巨。从全省进展情况来看，当前主要任务还是拆迁。只有把违章的、破旧的、低矮的房子拆掉，才能除旧迎新，谋划新一轮的发展规划；只有把大块土地置换出来，才能获得招商引资的"筹码"，实施大气魄、大手笔的开发建设；只有敢拆、大拆、快拆，才能体现出我们的决心和勇气，形成大干、快变的良好态势。要把拆迁作为三年大变样的第一战役，攻坚克难、勇往直前；作为2008年工作的首要任务，明确责任，狠抓落实。张云川书记最近就石家庄工作进展情况作出批示："务必下决心，狠抓三年，使之有大变化；嗣后又抓三年上水平，再抓三年出品位，基本打造一个人民满意的现代化城市。"这既是对石家庄的要求，也应该是全省共同追求的目标。要从经济社会发展全局的位置统筹制规划，合理安排建设时序，把各项工作做细、做实。要一鼓作气，乘势推进，尽快完成第一战役的拆迁任务。同时，要抓紧谋划新一轮规划建设问题，切实做到高起点规划、高标准设计、高质量建设，经得起历史、实践和人民的检验。

（二）以城镇功能、环境和品位的大提升促进城镇面貌大变样

开展城镇面貌大变样活动，是我省跨入新世纪、打造新优势、获取新发展的战略举措，关系经济社会发展的全局和长远，必须准确把握其深刻内涵。通过学习领会张云川书记的批示精神，结合此次考察学习体会，我们认为，城镇面貌三年大变样绝不是简单的拆拆建建等外在形式的改变，更重要的是要实现城镇功能、城镇环境、城镇品位等内在因素的历史性大转变、革命性大提升。

一是全面提升载体功能。按照城市规划确定的功能划分和指导原则，合理确定建设时序，进行大片区、成系统、立体化的开发性建设，彻底改变"修修补补"、"小打小闹"的传统观念和做法。特别是区域中心城市，要加快道路交通、管道燃气、集中供热、污水和垃圾处理等"生命线"工程的建设和改造，确保50年不落后。特大城市要把快速轨道交通列上日程，加强公交设施建设，提高公交出行分担率，从根本上解决交通堵塞问题。在建设用地日趋紧张的情况下，高度重视地下空间的开发利用。因地制宜地建设市政工程"共同沟"，全面推广建设地下停车场，鼓励适量建设城市地下商业设施，省会轨道交通项目要体现地下空间深度利用的思想，实施立体化综合开发。要把棚户区改建、旧住宅区改善和城中村改造结合起来，严格控制建筑密度，重视居住环境营造，大幅度增加公共绿地和开敞空间，完善社区公共服务设施。

二是加快提升环境质量。进一步调整城镇产业结构，在产业布局和用地布局方面，加快城镇"退二进三"调整的步伐，尽快将污染企业从城市的主城区搬迁出去。加强河湖水系的综合治理，打造近水、亲绿、宜人的开敞空间，规划建设好小游园、风光带、绿化广场。提高绿化的园艺水平，精心设计、精雕细琢地绿化工程建设。进一步完善城市绿化体系，大规模增加绿量，实施道路、广场、住区、水系等全方位、立体化绿化，发挥城市绿化的生态效益。

三是着力提升文化品位。地域历史文化是城市特色的灵魂，科学、合理、艺术地进行保护利用，就会焕发城市的生机和活力。要大力倡导以文化滋养城市，以文化塑造城市、以文化经营城市，保护好历史文化遗产，挖掘和提炼城市历史文脉，塑造独具个性的城市形象。加快博物馆、艺术馆等文化设施建设，合理设置文化游园、雕塑、娱乐等设施。开展城市形象设计，处理好城市空间关系，做好街区、建筑景观设计。推动规划大师与建筑大师、艺术大师的紧密合作，实现城市功能与艺术审美的高度融合，展现亮丽的城市景观。

（三）以思想大解放焕发出推动城镇面貌大变样的强大动力

历史经验证明：我们在理论上的每一个重大突破，工作上的每一个重大进步，都离不开解放思想，而且永不停步、永无止境。推动城镇面貌三年大变样工作，必须用解放思想的"金钥匙"开启未来发展的大门，以放眼世界、面向未来的思想境界，努力破除各种旧观念、旧思维、旧习惯，用创新的思路和办法破解面临的困难和问题，不断把活动引向深入，推向前进。

要树立强烈的机遇意识。浙江省城镇化水平已经比我省超前了十几年，仍在继续加强城镇建设，强力打造参与区域合作和竞争的平台，向着提前基本实现现代化的目标快步前进。他们这种永不自满、追求卓越的思想境界，是实现经济社会持续快速发展的动力之源，也是我们必须认真学习的精神实质。当前，我省已经驶入建设沿海经济社会发展强省的快车道，离不开城镇化和城镇现代化的载体支撑。开展城镇面貌三年大变样活动，是我省发展中的一次历史机遇。抓住机遇，就要有果敢的行动，迅速把一切有利条件抓在手上，运用到实际工作之中，决不能"四平八稳，谋而不断"。抓住机遇，就要有坚定的决心，看准的事情不等不靠，调动一切积极因素，在克服困难中创造条件，营造出强大的声势。抓住机遇，就要有超越的意识，高标准、严要求，干一流的事业，创一流的成绩。

要彻底打开城门搞建设。城镇面貌三年大变样拆迁任务很多，后续建设改造的投资也很大，解决钱从哪里来是一个关键。要坚持"非禁即放"的原则，彻底打开城门，积极主动地引进来、走出去，并实现互动。精心谋划和包装一批大的规划项目、开放项目，实施大规模招商引资行动。进一步开放城市市政公用市场，吸引非公有资本参与投资、建设和经营。采用BOT、TOT等国际通行模式，积极争取各类外资以及政策性银行贷款。深化市政公用事业改革，完善市政公用事业特许经营制度，改革产品和服务价格形成机制，为市场化融资提供畅通的渠道。

巧借东风推动城市建设上台阶

——南京城市环境综合提升行动与河北城市改造建设比较

2009年3月，省住房和城乡建设厅组织人员赴南京市考察学习，就《南京市城市环境综合提升三年行动计划》与我省城镇面貌三年大变样基本目标进行了比较分析。

一、主要经验

自2001年开始，南京市借势抓城市改造，以承办"十运会"、第四届世界城市论坛为契机，连续开展城市容貌专项整治，取得明显成效。这次开展的城市环境综合提升三年行动计划（以下简称"三年行动计划"），是借2014年南京举办第二届世界青年奥运会之势，实施的新一轮环境综合提升行动。有四个特点：

（一）范围广、层次深

南京市三年行动计划明确了具体指标体系，共有3大类、12个子项。实施三大提升行动，涉及11个方面，分别是：提升城市市容环境行动（实施市政道路整治，构建完善优质路网；实施市容市貌整治，塑造整洁优美形象；实施园林绿化整治，建设生态人文绿都；实施城市交通整治，打造交通示范城市）、提升城市功能品质行动（坚持科学规划引领建设，提升城市发展水平；加快重大基础设施建设，增强城市综合功能；挖掘综合古今文化资源，彰显名城特色魅力；牢固树立精品建设思路，推进城建精致发展）、提升城市人居质量行动（实施雨污分流改造，凸显水清岸绿景观；实施大气质量整治工程，增添城市洁净蓝天；实施住宅改善工程，建设生态文明设区）。三大提升行动总投资1200亿元，市容环境、功能品质、人居质量分别占7%、41%、52%。与我省城镇面貌三年大变样五项基本目标相比，工作内容上基本一致。从工作内容的深度和投资比重来看，南京市通过10年的城市容貌专项整治，城市容貌环境具备了良好的基础，已经进入功能品质和人居质量再提升的新阶段，而我省目前的改造建设起步才两年多，只是整治性的，还没有进入上水平、出品位、生财富的建设性阶段，面临着"补课"与"赶超"的双重任务。

（二）理念新、标准高

南京市三年行动计划提出："围绕建设现代化国际性人文绿都的总目标，大力转变城市发展方式，提升城市发展水平，以转型发展为基本路径，以创新发展为根本动力，以跨越式发展为目标定位，用世界的眼光和国际一流的水准审示并开展新一轮城市建设。"目前，南京市已创建成为全国文明城市、国家卫生城市、国家环保模范城市、国家园林城市。三年行动计划提出，要在继续保持这些称号基础上，到2015年创建国家生态园林城市、国家生态市，并创造条件取得一项国际性城市奖项。而我省尚没有一座城市获得全国文明城市和国家卫生城市，只有廊坊获得国家环保模范城市，石家庄、唐山、承德、邯郸、廊坊、秦皇岛获得国家园林城市。南京市三年行动计划具有很强的前瞻性和时代特征，如提出实现城乡规划全覆盖，文化产业增加翻一番，建设"智慧城市"、"低碳城市"等。设定的许多关键指标明显高于我省五项基本目标，如：空气质量二级以上天数320天，我省为310天；污水处理率88%以上，我省为80%~85%；建成区绿地率43%、绿化覆盖率47.5%、人均公园绿地面积14.6平方米，我省分别为35%~37%、40%~42%、10~12平方米。

（三）项目多、投资大

南京市三年行动计划在明确12项宏观目标的基础上，对每个方面的每个细节都提出了具体工作标准、详细内容、投资额度等量化指标。市容环境提升方面，对62条干道、1200条街巷进行全面整治"美容"，包括市政道路设施、交通设施以及两侧环境卫生和绿化整治等内容，总投资80.2亿元。功能品质提升方面，加快铁路、机场、港口、地铁、轻轨等重大基础设施建设，同时建设东吴东晋博物馆、南朝建康遗址博物馆、南唐博物馆、朝天宫历史文化街区、民国风貌区等文化设施项目，总投资488.67亿元。人居质量提升方面，实施雨污分流改造，建设900万平方米经适房，整治主城内200个旧小区，总投资639.08亿元。

（四）责任明、措施硬

南京市成立以市长为总指挥长的组织指挥体系，明确监督考核制度和协调联动机制，南京市委市政府各部门责任明确，行动计划涉及项目均明确了投资、实施单位、责任单位和责任人。要求各级各部门采取超常措施，集中人力、集中时间、集中财力开展工作。把各部门和单位参与行动计划的工作情况纳入政绩考核，即坚持完成的数量和时间标准，又坚持完成的质量和效益标准，同时坚持依法行政、维护稳定的标准。南京市通过完善"大城管"的城市管理方式，全力打造数字化"大城管"平台，通过对标准、督察、考核等方面的有机衔接，增强其综合管理和服务功能，加快建设长效管理机制，保障三年行动计划顺利实施。

二、启示和建议

南京市地处经济发达的长三角地区，城市环境综合整治起步早、力度大、变化快，在区域经济发展中具有很强的实力和竞争力，是我省城市改造建设学习的样板、追赶的标杆，许多思路理念和办法举措值得借鉴。

（一）高质量完成城市现代化进程第一阶段目标

我省各地认真贯彻省委、省政府决策部署，把城镇面貌三年大变样作为重中之重的战略任务来抓，取得了受到人民群众欢迎和肯定的成效，但是变化不等于达标，离既定的量化指标都还存在不小的差距。南京市三年行动计划说明，城市改造建设是一项长期而艰巨的历史任务，任重而道远。各地要学习邯郸市以决战姿态推进城镇面貌三年大变样的精神和做法，对照五项基本目标认真开展自查，及时梳理和解决问题，明确严格的奖惩措施和完成时限，以超常的硬措施确保目标任务圆满完成。各设区市也要对所属县（市）工作进展情况进行督导，促进县城建设朝着特色突出、设施良好、环境优美的方向发展，在统筹城乡协调发展中发挥重要作用。

（二）高起点谋划城镇面貌三年上水平

城镇面貌三年大变样是推进城镇化，实现以城带乡、城乡统筹，达到城镇化与新农村建设良性互动的一个阶段性任务，今后还要推进城镇面貌三年上水平、三年出品位。学习南京市经验，关键是发挥好城市的聚集和辐射带动作用，抢占区域合作和竞争的战略高地，坚定"做城市本质是做产业、做民生、做城乡统筹发展"的思想，进一步开阔眼界谋发展、拉高标准找差距、学习先进定目标，抓紧研究谋划城镇面貌三年上水平的工作计划。建议各地和有关部门在确保实现三年大变样基本目标的基础上，深入研究本地本部门推进城镇化的思路和举措，要在城市转型发展、创新发展、跨越发展等方面，制定新举措，取得新突破。

（三）高标准制定城市改造建设目标

我省城镇化滞后于经济发展，落后于全国平均水平，是经济社会发展的瓶颈性障碍。当前，全国各地都在加快城镇化建设，许多发达省份又在实施新一轮城市改造建设，我省面临着"补课"与"赶超"的双重任务。制定今后我省城镇面貌上水平的基本目标，应当顺应工业化、信息化、城镇化、市场化、国际化深入发展的大趋势，用世界的眼光和国际一流的水准审视并开展新一轮城市改造建设，以更广的范围、更深的层次、更高的指标、更强的措施，打造符合时代和群众要求的指标体系。

（四）高水平开展城市容貌整治行动

城市容貌与景观是一个城市实力、活力、竞争力的重要标志，贯穿于城市改造发展全过程，渗透在城市规划、建设、管理的各环节。学习南京经验，各市要紧紧围绕城市容貌整治和景观建设攻坚行动的"十项工作任务"，进一步细化工作方案，明确责任分工，把每一项目标落实到工作任务，把每一项工作任务落到建设项目，把每一个项目落实到资金和进度，把每一项任务的责任落实到干部。着力构建城市改造建设的长效机制，按照"大城管"的思路和方式，动员各个部门、各个阶层投入到城市改造建设中来，形成强大的合力。

（五）高层次借势助推城市改造建设

城市改造建设是一项宏大的系统工程，需要有效的"载体"和"抓手"，通过超常的措施获取跨越式发展。近十年来，南京市借"十运会"之势开始起步抓城市容貌整治，借"奥运会"之势深化城市容貌整治，目前又借"青奥会"之势进行城市环境全面提升，体现抢抓机遇、借势发展的先进理念，是助推城市建设的一条成功经验。我省各地要深入挖掘资源，积极谋划举办一些有影响力的大型活动，既借势推动城市基础设施建设，促进城市功能的完善，提高城市管理水平，又扩大影响，带动经济的持续发展，使城市的改造建设和经济发展实现良性互动。

数字化精细化放大城市管理效益
——南京、泰州、宜春城市管理体制创新的实践

2009年8月27日至9月2日，省住房和城乡建设厅副巡视员李贤明带队，省政府办公厅综合五处副处长罗彦华、邯郸市政府副秘书长张明山、省住房和城乡建设厅城市建设处处长牛彦平、办公室调研员孙燕北等7人，赴江苏省南京市、泰州市，江西省宜春市进行城市管理工作考察学习。考察组先后与三市政府及有关部门进行座谈，实地考察了综合管理体制和数字化、精细化管理等情况。

一、主要做法
（一）南京市

南京市是长江三角洲经济圈的核心城市之一，城市建成区面积573平方公里，城区人口340万，由11个城区组成。南京市城市管理实行的是"条块结合、以块为主、属地管理、区负总责"的分级管理体制，市级城市管理分别由建设局、市容环卫局、市政公用局、园林局负责，市局对各区实施指导、督查、协调、考评；各区局接受区政府的领导和市局的业务指导，负责开展辖区内的城市管理、设施维护等具体工作。2008年以来，南京市为进一步完善城市管理机制，提升城市管理水平，从创新思路上求突破口，加大城市管理体制机制改革力度，在城市综合管理和精细化方面做了一些有益的探索。主要做法是：

1. 实行城市综合管理。2008年2月，南京市政府印发了《关于加强城市长效综合管理的意见》和《南京市城市长效综合管理考核办法》，成立了由副市长任组长的城市管理领导小组，明确了涉及城市管理的14个职能部门和各区县政府在环境卫生、园林绿化、城市交通管理等13个方面的管理内容和工作标准，建立了绩效挂钩的考核问责机制。通过城市长效综合管理，为下一步构建城市综合管理体系奠定了基础。

2. 成立城市管理委员会。2009年1月，南京市为进一步提升城市综合管理水平，市政府印发了《关于成立南京市城市管理委员会的通知》，正式成立了由市长任主任，分管副市长任副主任，市委宣传部、市容环卫局等22个职能部门及各区县主要负责同志为委员的城市管理委员会，主要职责是拟定南京市城市管理的地方性法规、规章草案和政策，研究部署城市管理方面的重大事项，协调解决城市管理重大问题。委员会下设办公室，由分管副市长兼任办公室主任，市容环卫局局长任办公室副主任；办公室下设10个工作组，秘书组、财务审计组为常设组，其他组由市直有关部门牵头。

3. 建成数字化城市管理平台。南京市鼓楼区是国家建设部确定的首批数字化城市管理试点城市。在鼓楼区和建邺区建成并有效运行数字化城市管理平台后，南京市政府于2006年批转了市容环卫局《关于推广数字化城市管理模式的意见》，逐步在全市各区推广以数字化城市管理平台为基础的网格化城市管理模式。目前，南京市和所辖11个城区全部建成可以联动的数字化平台。由于数字化城管平台本身具有涵盖范围广、涉及部门多、监督考核体系完备、评价科学准确等特点，随着城市综合管理体制改革的推进，南京市市容环卫局的市级平台及各区级平台，已经成为市级和区级城市管理委员会考核城市管理效果、奖惩各成员单位的重要基础。

4. 完善考核监督机制。为健全完善城市日常管理监督检查机制，南京市在实施城市长效综合管理考核的基础上，城市管理委员会办公室于2009年8月印发了《南京市城市管理考核办法（试行）》和《关于南京市城市管理考核办法（试行）的实施意见》，对考核方法、考核经费、奖惩办法做了详细规定，并制订了各城区和市直各部门考核打分标准。南京市规定，城市管理各设施的管养经费按照2007年设施量、2008年定额标准，由城市管理委员会核定后，增加10%作为管养经费总额，以后每年管养经费递增10%，市城市管理委员会办公室预留年经费总额的20%作为考核专项资金（2009年此项资金达到1.7亿元）。由市城市管理委员会办公室组织每日进行巡查，对照考核标准和考核细则打分，每月根据平均得分情况结算预留的考核专项资金，高于90分的超过1分奖励10万元。同时，建立讲评机制，每月由市长或分管市长组织召开市直有关部门、各区政府负责人会议，对当月发现的问题督办和点评通报，对于长期不予解决的问责其主要负责人。

（二）泰州市

泰州市城市建成区面积66平方公里，城区人口85万，由海陵、高港2个城区组成。海陵区是城市的主城区，人口45万；高港区距离主城区相对较远，城市管理接受市级主管部门的指导，体系相对独立。由于泰州市主城区内只有一个城区，城市管理基本以市级统管为主。城市市政设施、园林绿化的养护管理由市建设局负责，区级没有相应机构；市容环卫、城建监察执法由市城管（综合执法）局负责，环境卫生作业仍由市局统一管理，城建监察执法市局仅保留广告审批和渣土管理，其他事项的审批权和城建监察执法权全部下放到由市局在城区设立的分局。

泰州市政府为建立城市管理长效机制，加强城市管理的组织领导力度，全面提升城市形象，于2006年12月出台了《关于进一步加强城市管理工作的决定》和《关于成立泰州市城市管理委员会的通知》，成立了以市长任主任，分管副市长任副主任，市纪委、市建设局、城管局等21个部门及各城区主要负责同志为委员的城市管理委员会。城市管理委员会下设办公室，市城管局局长兼任办公室主任。2007年3月，城市管理委员会正式印发了《关于进一步加强城市管理工作建立长效管理机制的方案》，明确了城市管理委员会办公室的主要职责：制定年度计划、分解目标任务，建立考核体系，召开月度例会，处理城市管理具体问题，并负责年度目标的检查、督促、考核。同时，还对市直各部门和城区政府在城市管理工作中的职责做出详细规定。

城市管理委员会成立后，泰州市进一步加强城市管理工作，整合城市管理资源，加大城市管理问题的发现和处置效率，实现城市精细化管理的目标，于2007年底成立了以市长任组长的泰州市数字化城市管理工作领导小组，印发了数字化城市管理工作实施方案，决定分两期建设数字化城市管理平台，全面覆盖建成区66平方公里。泰州市数字化城市管理平台建设过程中实现了两个创新：一是创新项目建设模式。经市政府研究，数字平台的建设采取了"企业投资、政府租用"模式，由泰州电信公司出资建设，市城管局按年缴纳租金，10年后续约租赁。这种方式不仅大大减轻了一次性投入的资金量，还加快了平台建设速度，仅用4个月的时间就建成了一期项目。二是创新平台管理体制。监督与管理分离的管理体制是数字化城市管理平台建设的核心，泰州市根据本地实际将两者进行整合，设立数字化城市管理监督指挥中心（由市城管局管理的正处级事业单位），分设监督大厅和指挥大厅，实现内部分离。这种建设方式经建设部专家组验收后得到了认可，并称其为"泰州模式、泰州速度"。

数字化城市管理平台运行后，为确保所有发现的城市管理问题都能够有效处置，泰州市财政局和数字化城市管理监督指挥中心联合制定了《关于建立数字化城市管理现场处置资金运行机制的工作方案》，规定在各种专业管理部门的设施养护维修经费之外，专门设立针对数字化城市管理平台所发现问题的处置经费，建立"财政安排专项资金、工作部门专款专用、数字化城管部门核准确认、财政部门检查监督"的资金使用协调运转机制，确保城市管理问题的及时处理率和按期结案率。

为落实考评、奖惩措施，泰州市制订了《数字化城管长效综合管理考评办法》，采取每月一次专项检查和一次随机抽查的方式，对38个责任部门（单位）按照相应的考评标准和计分细则进行打分，每月召开一次由市领导进行的点评会，年终按照月度平均得分进行奖惩。奖惩资金主要来源于市财政每年安排用于考核的100万元奖金、各城区政府缴纳的保证金、各城区政府主要负责人和分管负责人个人缴纳的保证金。

（三）宜春市

宜春市城市建成区面积36平方公里，城区人口30万，仅有袁州区1个市辖城区。由于宜春市主城区内只有一个城区，城市管理是市级统管模式。城市市政设施、园林绿化、市容环卫、城建监察执法，以及供水、供气、公交等全部由市城市管理（综合执法）局负责。

宜春市的城市综合管理工作起步较早，在2004年11月宜春市政府就印发了《关于成立宜春市城市管理委员会的通知》，成立了以市长任主任，四套班子相关领导任副主任，市纪委、市建设局、城管局等28个部门主要负责同志为成员的城市管理委员会。城市管理委员会下设办公室，办公室设在市城管局，市城管局局长兼任办公室主任。

2004年，宜春市实行了城市管理综合执法，在市城管局的基础上曾挂市城市管理综合执法支队的牌子，执法大队派驻街道，将行政执法工作重心下移；同时，还成立了城市管理公安分局、袁州区城管办。实行相关领导交叉任职，市城管局局长兼任袁州区区委副书记，市城管局分管综合执法的副局长兼任市公安局党委委员，袁州区分管城建的副区长兼任市城管局副局长，市城关公安分局局长兼任市城管局党组成员，驻街道的综合执法大队长兼任街道办事处副书记，形成了市、区、街道和社区四级管理网络，使一些需要多部门解决的复杂问题迎刃而解，提高了工作效率。

宜春市目前还没有建设数字化城市管理平台，在城市管理问题的发现、处置、反馈机制上，是由综合指挥中心调度完成的。综合指挥中心以公安110指挥中心为平台，整合了市长专线、城管指挥中心和12319服务热线，发生问题举报后调度城管综合执法队伍确认问题，通知问题的责任部门（单位）进行处理。

二、有益启示

南京、泰州、宜春通过体制和机制的改革创新，城市管理工作取得显著效果，都分别获得了"国家园林城市"、"国家卫生城市"、"全国文明城市"等荣誉称号，他们的经验做法为我省城市管理工作提供了有益启示。

（一）高位运作是关键

按照我国目前城市的管理体制，城市管理职能部门所进行的管理活动都是狭义上的城市管理，主要包含了建设行业负责管理的市政公用设施、园林绿化、市容环卫、城建监察等内容，甚至按照职责分工只负责其中部分内容。随着社会经济的不断发展,人民群众对城市管理的要求越来越高,城市管理中的很多问题涉及众多职能部门,单单靠现行的城市管理职能部门已经不能有效解决,必须有一个强有力的组织来统一领导。城市人民政府作为广义上城市管理的实施主体必须责无旁贷地担起这个责任。南京、泰州、宜春三个城市在城市综合管理的探索中,均成立了以市长任主任的城市管理委员会,对城市进行综合管理。只有城市人民政府的主要领导高度重视,进行高位指挥、高位协调、高位推进、高位督察,通过比较完善的管理制度和运行机制,才能使涉及城市管理的各个职能部门和城区政府尽心尽责,全力配合,建立起城市管理齐抓共管的联动机制。

(二)数字化平台是基础

数字化城市管理,从小的方面,可以涵盖市政公用设施、园林绿化、市容环卫、城建监察等各项管理内容;从大的方面,可以拓展到涉及城市综合管理方方面面的管理活动。通过建立数字化城市管理平台,可以使城市管理各职能部门的职责更加清晰,解决部门间职能交叉、推诿扯皮、多头管理等弊端;可以对城市管理各方面进行综合考核评价,促进精准、高效、协同管理的实现;从而使城市管理方式发生深刻变化,实现从粗放到精细管理,提升管理水平。南京、泰州在实施城市综合管理的过程中,都将城市管理职能部门建设的数字化城市管理平台作为基础,通过数字化平台的有效运转,来提高城市管理效率,监督评价城市各职能部门处置城市管理问题的效果。

(三)充足经费是保证

实行数字化城市管理是城市管理方式发生的一个重要转变,就是将以前通过举报等渠道被动发现城市管理问题,转变为城市管理监督员在责任区域内主动巡查发现问题。从被动到主动的转变,必然带来城市各类设施养护维修以及问题处置相对以往的增加,因此充足的管理作业经费就成为及时处置问题,管理养护好各类城市市政公用、园林绿化等设施的重要保障。为保障管理作业经费,南京市采取了设施管养经费按照设施量和定额标准计算后增加10%作为经费总额,以后每年递增10%的方法;泰州市则采取了专门设立针对数字化城市管理平台所发现问题的处置经费的方法。

（四）考核奖惩是手段

为保证数字化城市管理平台的有效运转，激发城市各职能部门和城区政府做好城市管理工作的积极性，持续提升城市管理水平，科学、严格的考核奖惩机制是重要手段。南京、泰州在数字化城市管理的基础上，实施城市综合管理的同时，均制订了内容翔实、责任到职能部门和城区政府的考核办法，以及建立了相应的奖惩机制。同时，还明确了奖惩资金的具体来源，南京市对每年财政核拨的设施管养经费预留20%作为奖惩资金，泰州市的奖惩资金则由财政每年安排100万元和保证金组成。

三、工作建议

从全国情况看，城市综合管理（大城管）在全国还没有一个统一的模式，这次考察的城市也都处在探索阶段，与当前我省正在推进的城市管理体制改革基本思路相吻合。省政府出台的《关于进一步深化城市管理体制改革的意见》，提出城市管理重心下移，实行城市管理分级负责制，建设数字化城管信息平台，构建网格化城市管理新模式，就是城市综合管理模式的基础和前提。因此，借鉴三市经验要与贯彻落实省政府《意见》紧密结合起来，加快建立城市管理长效机制。

（一）成立由市长挂帅的城市管理综合协调机构

城市管理体制改革工作涉及面广、职能部门多、工作难度大，各设区市人民政府主要负责人必须高度重视，高位指挥，高位协调，高位运作。各设区市要成立由市长挂帅、各职能部门参加、设立常设机构的城市管理综合协调机构，建立各职能部门协调联动的工作机制，抓紧制订出台本地的实施意见，确保深化城市管理体制改革目标任务的顺利完成。

（二）加快城市管理重心下移步伐

按照我省各设区市城市管理体制的现状，对于已经基本实施市、区两级管理模式的石家庄、唐山、秦皇岛市，要根据《意见》的要求，进一步梳理可以下移的城市管理事项，对可放可不放的城市管理事项要坚决下移，并完善"两级政府、三级管理、四级落实"的城市管理体制；对于还在实行市级统管模式的保定、邯郸市，要坚决按照《意见》要求，率先推进城市管理重心下移，尽快按照"费随事转、人随事走"的原则把规定的城市管理事项和资金下移到位；对于部分城市管理事项已经实行市、区两级管理的承德、张家口、廊坊、沧州、邢台、衡水市，要结合本地实际，积极推进城市管理权限和职责的调整工作。

（三）加快数字化城市管理建设工作

各设区市政府要把建设数字化城市管理信息平台作为一项重要工作来抓，列入城市管理综合协调机构的议事日程，协调解决建设资金，明确建设进度，排出工作日程，按照住房和城乡建设部颁布的有关标准加快建设进度，争取提前完成建设任务，早日投入运行。经济实力相对薄弱的城市，可以参照泰州市的做法，采取"企业投资、政府租用"的建设模式。在建设中要坚持循序渐进的原则，可以选择日常管理效果较好的城区先行试点，取得经验后再在全市范围推广。可以先将与群众密切相关的、城市管理热点问题和薄弱环节先行纳入数字化城市管理平台，再逐步应用到全部城市管理事项。

（四）建立城市管理作业资金保障机制

"重建设、轻管理"一直以来是我省城市建设和管理工作的普遍现象，大多数城市对于基础设施的管理作业经费不按照定额标准执行，随意扣减，造成基础设施养护管理不能及时到位，很多设施还没有达到正常运转的生命周期就需要大修，甚至重建，反而形成资金的浪费。各设区市要建立健全城市管理作业资金保障机制，严格按照任务量、定额及工作质量，由城市管理职能部门会同财政部门核定、拨付各级管理的设施作业经费，确保各类设施的有效正常运转。实行数字化城市管理后，可以参照泰州市的做法，专门设立针对数字化城市管理平台所发现问题的处置经费，保证各类设施出现问题的有效处置。

（五）建立城市管理监督、指挥、考核、奖惩机制

各设区市要在实施数字化城市管理过程中，设立专门的城市管理指挥和监督中心，负责发现、收集和协调处理城市管理问题，维护整个流程的运转。要制订科学完备的工作规范和工作流程，建立评价考核制度，落实责任制。要通过定期召开例会，协调各个职能部门的工作，逐步解决涉及交叉管理、多头管

理、归属权和边界管理等问题。要落实首办责任制，明确每一项任务的首办部门，避免因职责不清而出现部门之间相互推诿。要根据各个职能部门的职责分工，建立考核奖惩机制，可以参照南京和泰州市的做法，由城市政府专门安排一定数额的资金，并预留一定比例的城市管理作业经费作为奖惩资金来源。

大气魄快速度推进城市建设

——长沙、合肥、南京城市建设跨越式发展的经验

2009年11月26日至30日，石家庄市政府组成考察团，赴长沙、合肥、南京三市，就城市功能布局与建设、投融资和城市管理体制等进行了学习考察。大家一致认为长沙、合肥、南京三市在城市发展上谋划超前气魄大，规划引领水平高，建设推进速度快，管理精细体制顺。

一、几点感受

感受之一：规划上理念新、起点高。城市发展，规划是龙头；城市建设，规划是前提；城市管理，规划是基础。长沙、合肥、南京三市有一个共同的特点，就是立足各自城市发展定位，无论是在城市总体规划，还是功能区布局和片区开发上，都坚持理念上创新，策划设计上超前，着眼于以人为本，具有国际化视野，敢为人先，争创全国一流。长沙市围绕建设繁荣、开放、文明、秀美的现代化区域中心城市这一定位，突出山（岳麓山）、水（湘江）、洲（橘子洲）、城（新城区）特色，加快三环六桥一洲两岸两府四城建设，把橘子洲打造成集文化休闲观光旅游于一体的生态文化景区，湘江两岸形成40公里的景观风光带。同时，加速推进长沙新区建设，实施五大板块联动，投资100亿元，重点打造新河三角洲标志性区域，形成长沙新的城市名片。合肥市围绕建设现

代化滨湖大城市的定位，把握濒邻巢湖这一得天独厚的优势，顺时应势，推进城市从"环城"时代走向"滨湖"乃至"临江"时代，修编了到2020年城市总体规划和城市近期建设规划，概括为城市"141"发展战略，即1个主城、4个外围城市组团、1个滨湖新区的总体框架。他们按照世界眼光，国内一流，合肥特色，规划建设的12.6平方公里的政务文化中心，让我们考察团领略到了合肥城市规划设计的高水平、大气魄。南京市以建设国际化人文绿都为目标，以基础设施建设，人居环境改善，城市文化特色彰显为重点，着力打造"一城三区"，城市发展框架已经拉开，突出建设河西新城区。目前，5平方公里的核心区已基本完成。

感受之二：建设上气魄大、速度快。这也是三市城市建设上最突出的特点。首先是投资强度大。2009年南京市城市建设投入达到350亿元，长沙、合肥两市均在150亿元以上。其次是建设速度快。长沙市五一路拓宽改造工程，由双向4车道拓宽到8车道，3个月完成拆迁，3个月建成通车，建设速度惊人。近年来，该市新建、改造城市主次干道158条，新增城市道路325公里。合肥市以完善路网带动整个城市大建设，主城区8公里高架桥3个大互通工程，原定工期26个月，该市实行24小时昼夜施工，仅14个月全部竣工。2006年以来，全市道路桥梁工程共完成292项，建成道路总长527公里，桥梁37座。三是建设标准高。南京火车站及站前广场，拆迁及建设投资上百亿，规划设计堪称一流，令人耳目　新。长沙市贺龙体育中心、合肥市体育中心、南京奥休中心，不仅功能齐全，能够承办国家级重要赛事，而且建设水平高，质量好；长沙红星国际会展中心、合肥国际会展中心、南京国际展览中心，标准高、规模大、功能齐备，这些均为该市标志性建筑群。

感受之三：管理上精细化、标准高。三个城市建管并重的意识强，管理水平高，所到之处视野范围内，街道整洁干净，广告牌匾规范整齐，占道经营和小广告全部杜绝，城市交通秩序井然。他们的主要做法：一是"两级政府，三级管理"落实得非常到位。围绕管理中心下移，三市均实行的是"统一领导，分级负责，条块结合，以块为主，属地管理"的城管机制。二是围绕落实城管责任，严格公正考评，不断提升城管执行力。同时，建立了绩效挂钩的考核问责机制。三是围绕城市管理精细化，实行万米网格管理。如南京市依托数字平台，运用万米单元网格，科学划定管理责任区域，合理界定每个执法队员、环卫保洁员、市容协管员、街道城管干部、沿街企业事业单位责任，形成"六位一体"的城市管理责任体系，真正做到了人人有责任，事事有人管，个个受监督，奖罚必兑现。

感受之四：工作推进上体制顺、机制活。体制机制是决定长远和根本性的问题。体制顺、机制活，工作才能有生机、有活力。长沙、合肥、南京城市建设之所以取得令人瞩目的成绩，关键是有一套高效的体制机制。一是在工程建设上，合肥市坚持改革创新，大胆探索，实行规划、建设、立项、招标、投资、施工"六分开"。具体流程是：市发改委负责对各部门的申报项目建设计划进行审核，汇总上报市政府批准后下达实施计划；市规划局确定规划设计条件；市招投标管理中心组织招标，确定项目施工、监理等单位；各县、区政府依据拆迁红线负责拆迁；市审计局全程参与审计；市建设集团按进度进行资金拨付。二是在片区开发上，无论是旧城改造，还是新区建设，三市均实行政府主导，市场化运作，项目法人运行机制。三是城市管理上，三市本着"养事不养人"的原则，加大城市管理市场化力度，在清扫保洁、渣土清运、小广告治理、园林绿化等方面，面向社会公开招标，聘请有实力、讲信用的专业公司进行作业。

感受之五：融资上渠道多、规模大。推进城市建设，投融资是关键。三市在有效破解资金投入瓶颈，确保城市建设资金需要方面，均构建了政府投融资管理体系，投融资平台越做越大，筹措资金渠道越来越多，基本形成了政府主导，市场运作，社会参与的投融资格局。长沙市为解决城市建设资金，成立市建设投资开发有限公司，各区也都成立了城市建设投资公司。具体运作上，实行"一统三分"投融资模式，即由长沙市建投作为融资总平台，市、区联合承债，项目公司统一运作；片区开发实行分类投入，分期建设，分级负责，片区内市政基础设施建设由市政府投入，片区内土地整理由区级项目公司承贷经营，实施滚动开发建设。近年来，市建投累计融资300亿元，带动800亿元投资增长。比如，新河三角洲开发项目，坚持规划先行，政府推动，市场运作，效益平衡，社会融资和差额增信模式，1178亩经营性土地拍卖出让获得土地综合收益92亿元。政府不用直接投资即可实现区域内建成两厅一馆的公益项目和50%绿色生态空间，优化了人车分流的交通组织，形成可持续发展的生态区以及商务商业繁华区，并有约50亿元盈余。合肥市2006年6月，在原合肥城建投资控股有限公司、合肥市建设投资公司、合肥市交通投资控股有限公司的基础上，重组设立了合肥市建设投资控股（集团）有限公司，注册资本56.03亿元。到目前，共融资163.8亿元，集团总资产达394.5亿元，净资产达138.78亿元。南京市于2002年11月组建城建控股有限公司。五年来，他们按照分类实施，合理举债，盘活存量，引进增量，运作项目的融资思路，共融资457亿元。目前，每年融资保持在100亿元以上。

二、有益启示

第一，必须以思想的大解放，作风的大转变，推进"三年大变样"。思想解放的程度决定工作的高度，理念的创新决定工作的水准，过硬的作风决定工作的成效。长沙、合肥、南京三市城市建设之所以取得令人瞩目的成绩，最根本的是得益于他们思想解放，观念创新，视野开阔，思路超前，举措超常。特别是长沙市"敢为天下先"的湖湘精神，合肥市"大发展、大建设、大环境"的发展理念，使我们又接受了一次思想大解放的洗礼，受到了一次作风大转变的熏陶。石家庄要实现城市"三年大变样"，就必须打开解放思想的"总阀门"，把考察团学到的经验和做法变成全市广大干部的实际行动，真正体现在执行力上，体现在每一项具体工作上，以思想大解放，作风大转变，打造繁华、舒适、现代、宜居的新石家庄。

第二，必须以高起点的规划，高标准的建设，推进"三年大变样"。规划决定未来，建设铸就精品。长沙、合肥、南京始终坚持以世界眼光、国内领先和现代理念，聘请国内外一流专家规划建设城市，打造出一个个创意新颖，特色凸显，功能完善，建筑精美的城市亮点。为此，我们在城市"三年大变样"中，必须认真借鉴他们的经验，围绕城市发展定位，以更加开放的视野，大气魄、大手笔，规划建设好城市。

第三，必须以政府主导，市场化运作，推进"三年大变样"。城市建设最大的难题是资金，有效破解必须用市场化办法经营城市。长沙、合肥、南京三市为确保大建设资金需要，建设大平台，实现大融资的成功实践，为我们提供了很好的经验。因此，我们必须牢固树立经营城市的理念，理顺体制，创新机制，整合资源，市区联动，敢于合理举债，做大做强石家庄市的投融资平台。

三、几点建议

一是规划大气魄。规划是城市建设的龙头，只有这个龙头扬起来，才能实现城市的大建设。当务之急，要尽快协调督促中规院做好城市空间布局战略规划，特别是近两年的发展方向、发展重点，力争2009年年底前确定下来。同时，要不惜重金，聘请一流专家，高水平做好滹太新区规划。按照能承办国家级体育赛事的标准，重新修改省体育中心规划设计方案，力争打造50年不落后的标志性建筑。借鉴南京"每一寸土地都在规划中，每个建设项目都按规划进行"的做法，实行控详规全覆盖。成立由市长任主任的规划审批委员会，并明确一些刚性规定，真正做到规划即法，执法如山。

二是建设大手笔。学习借鉴合肥市大建设的经验，全面实现建设工程提质提速。围绕打造两条迎宾大道，两条城区快速大道和一条繁华大道。2010年"五一"前，完成和平路高架，国庆节前完成槐安路高架，裕华路拓宽改造，中华大街北延至机场快速路建设。加快三环、12条出入市道路建设改造。尽快启动省政府广场、市委搬迁后长安公园、省博物馆文化广场三大广场拆迁，继续推进百公里环城水系、100平方公里绿色生态屏障建设。按照"京津看景，石家庄看灯"的要求，高标准实施主城区夜景亮化升级提档工程，力争打造华北地区夜景亮化最好的城市。引进南京"1912"咖啡娱乐步行街运作模式，加快建设一条高档次高品位的特色步行街。同时，力争明年解决所有小街巷及旧小区改善及低收入家庭住房保障等民生问题。

三是功能大完善。与南京、长沙、合肥三个城市相比，石家庄市最大的差距就是功能分区不合理，承载功能不完善。下一步，要结合城市"三年大变样"，着力发展总部经济、会展经济和楼宇经济。尽快启动北方药博园、会展中心和金融中心建设，聚集人气和生产要素，拉动省会经济发展。

四是融资大平台。目前，石家庄市正在按照既定方案搭建六个融资平台。根据这次学习考察三市的经验和做法，融资主体分散，多头举债，不仅债务风险难以控制，而且不利于做大做强，必须收拢五指，形成拳头，迅速整合资源，形成1~2个融资大平台。在此基础上，要积极创新融资方式，积极争取各大银行授信额度和贷款，2010年力争发行20亿元城市建设债券，实现融资150亿元。

五是土地大收储。这次学习考察，三个市土地收储都在万亩以上，而石家庄市目前仅收储3000亩左右。因此，下一步要进一步加大土地收储力度，成立土地收储管理委员会，由市长任管委会主任，凡建设用地一律通过土地收储委员会集体研究决定。2010年力争收储土地1万亩。

六是管理大提升。进一步加大城市管理体制改革力度，按照费随事走的原则，继续推进管理重心下移，权力下放，实行以区为主的属地化管理。同时，加快建立城市管理综合执法局，大力推行万米网格数字化管理。

眼光超前　思路清晰　势头强劲

——天津市通过综合整治放大城市建设效益的做法

2009年7月22日至23日，张家口市党政考察团专程前往天津市就城市建设进行了实地考察。每到一处，亲眼目睹、亲身感受天津城市建设大手笔、大气魄、大投入带来的大变化，超前的发展眼光、清晰的发展思路、强劲的发展势头和崭新的建设成就，给考察团留下了深刻印象，让大家感到震撼。收获是实实在在的。这是一次积极有益的学习之旅，也是一次务实冷静的反思之旅，更是一次昂扬向上的信心之旅。

一

近年来，在新一届市委、市政府的领导下，天津以滨海新区开发开放为契机，紧紧围绕国际港口城市、北方经济中心和生态城市的定位要求，不断加大城市建设力度，城市面貌发生了巨大变化。

规划起点高、意识浓。从市领导到市民，都有一种强烈的城市规划意识，该市成立了市重点规划编制工作指挥部，集合100多位国内外城市规划顶级精英和决策者、设计者，按照世界级城市的建设与发展定位，采用会战的方式，集中精力编制好7个方面、119个重点规划。新编和提升的规划项目，不论是空间战略规划、城市规划、区县总体规划、滨海新区规划、重点地区规划、试点村镇规划，还是普通市民群众更直观的交通、环境、住房、绿化布局与建设等专项规划，都把着眼点始终放在服从和服务于全市发展大局，瞄准了先进城市、先进地区标准去做，对重点区域的规划设计采取国际招投标的方式进行。同时该市还特别注重规划的透明度，对每一项规划都要充分利用报纸、网络等多种渠道广泛征求意见，特别是建设了总建筑面积1.5万平方米的规划展览馆，主要展示城市总体规划和各类专项规划。规划模型采用声光电技术，配有多媒体同步解说，方便公众了解。

建设力度大、亮点多。2008年该市固定资产投资达到3400亿元，其中城建固定资产投资就占到了25%，全市重点工程建设在投资量、开工面、竣工数等方面都达到了历史最高水平。2009年计划完成城建固定资产投资900亿元，投资比重占全市固定资产的20%以上。在具体建设过程中，该市坚持新建与改造相结合，既注重对历史风貌建筑的保护，又不断加快以滨海新区为重点的新城开发，精心打造亮点工程和精品工程，整个城市既具浓郁的历史特色又洋溢现代化气息，城市品位不断提升。为确保资金投入，该市积极推动投融资创新，从政府主导、间接融资转到市场运作、直接融资，拓展了融资渠道，实现了多渠道融资突破，仅海河上游基础设施建设就实现社会投资320亿元，保障了大建设、大发展的需要。同时该市还十分注重建筑节能减排，在全国率先实行住宅三步节能设计标准，该市的既有建筑节能改造还被建设部和财政部确定为"天津模式"。

管理效能好、服务优。天津市城建管理系统主动适应发展新形势，下放管理权限，完善了市、区县两级管理。城市管理方方面面都体现了精细化的理念，从环境绿化、建筑立面、道路设施、夜景灯光直到工程围挡，甚至景观路面铺什么石子、墙面刷什么漆，都精心设计，形成形象鲜明、各具特色的城市景观。2008年和2009年，该市连续两次组织实施了150天市容环境综合整治，显著改善了市容市貌，形成全社会参与城市管理的氛围。实施了建设项目管理一站式六项服务措施，提高了审批效率，方便了企业。该市建委机关连续5年被评为市级优秀机关，连续4年在市行政审批服务中心综合效绩考评中名列第一，被国务院评为全国政务公开示范单位，是全国建设系统唯一获此殊荣的单位。

二

"我们来天津学习考察，既是贯彻省委、省政府的要求，也是天津的巨大变化对我们产生的强大吸引力，更重要的是张家口今后要发展得更理性、思路更开阔、质量更高，迫切需要向天津学习。"张家口市委书记许宁的一番话，道出了他此次亲自率团出访的深意和初衷。虽然张家口市在发展基础、发展条件和发展层次等各方面都与天津有着较大差距，虽然天津作为直辖市在工作重点、工作范围和工作方式等方面与张家口市有诸多不同，但天津在城市建设中创造的经验对张家口市同样有着十分重要的借鉴意义。

促进城市增值是城市建设的核心。天津在城市建设中，十分注重通过高水平的规划、建设和管理，下大力培育城市的商气、名气、人气，实现在建设中增值、在管理中增值、在经营中增值。连续五年实施海河综合开发，以两岸基础设施建设提升土地价值；在奥体中心建设中，通过出让配套区土地开发权引入了17亿元资金，而土地开发又撬动60亿的开发资金；通过五大道历史风貌建筑整修，该地段的房产价格飙升到每平方米近2万元。根据国际房地产中介仲量联行发布的2009最新研究报告，天津已经成为华北地区商业地产最具投资升值潜力的城市。天津的经验表明：只有始终坚持把促进城市增值作为重中之重，城市建设才能更加符合市场规律。

拓展发展空间是城市建设的重要着力点。天津的城市建设始终立足国际港口城市、北方经济中心和生态城市的定位，把工作着眼点放在推动城市长远发展上，确定了城市发展总体战略是"双城双港、相向拓展、一轴两带、南北生态"，滨海新区的发展策略是"一核双港、九区支撑、龙头带动"，中心城区发展策略是"一主两副、沿河拓展、功能提升"，外围区县发展策略是"新城集聚、多点布局、特色发展"，并围绕这些总体发展战略，谋划和实施了一大批重点建设项目，"胸中有蓝图，手中有重点"，迅速拉开了城市新一轮发展框架。天津的经验表明：只有坚持把当前与长远结合起来，城市建设才能始终保持正确的发展方向。

产业发展是城市建设的重要支撑。天津在加快城市建设的同时，及时跟进项目、培植产业。特别是坚持以全新的理念创新园区建设模式、管理体制和运行机制，有效整合资源，不断完善园区功能。以滨海新区为例，通过中心商务区、临空产业区、滨海高新区、先进制造业产业区、海港务流区、临港工业区、南港工业区、中新生态城、海滨旅游区九个功能区的规划建设，为产业发展搭建了良好平台，吸引了一大批在全国甚至国际上都有重要影响的企业集团入驻。高起点、高标准的园区建设，不仅全面提升了聚集生产要素的能力和水平，而且有效地拓展、完善和优化了城市布局，形成了各产业间相互协调、相互推动发展的良好态势。2008年，天津市共实施各类重大项目400多个，仅滨海新区开工建设的大项目总投资就达到了4300亿元，世界500强企业有96家落户新区。在海河综合开发中，在沿岸同步规划建设了一批服务业项目，促进商贸文化产业发展。天津的经验表明：只有注重将城市建设与产业发展相统筹，城市建设才有持久生命力。

基础设施建设是城市建设的重要内容。近年来，天津城市基础设施建设全面提速，仅2008年新建续建重点基础设施建设项目66个，完成投资460亿元，2009年又确定了20大项、108个子项重大市政设施建设项目，总投资规模达到1834亿元。天津港建成20万吨级深水航道和泊位、30万吨级原油码头，京津城际铁路按期通车，缩短了与北京的时空距离，形成同城效应。天津机场、高速公路、轨道交通、城市道路建设全面加快，现代综合立体交通体系正在形成。"十一五"末，该市轨道交通总里程将达到130公里，按照最新城市轨道线网远期规划，未来该市将建设9条轨道线路，总长度约227公里。2009年该市还将全面完成中心城区快速路建设，并延伸至塘沽区和西青区。仅中心城区快速路系统完成后，该市道路交通就可实现"12469"的战略目标，其中"1"是指中心城区内任意一点到达快速路不超过10分钟，步行至周围公交站不超过10分钟；"2"是指中心城区内任意一点到达外环线不超过20分钟；"4"是指中心城区内任意一点到达另一点不超过40分钟；"6"是指中心城区内任意一点到达滨海新区内任意一点及外围区县中心在60分钟以内；"9"是指中心城区到达区域范围内主要周边城市在90分钟以内。天津的经验表明：基础设施建设是提升城市承载辐射功能的重要途径，只有基础设施的大发展，才能带来城市功能效率的大提升。

改善民生是城市建设的根本取向。天津市委、市政府始终把改善民生作为城市建设的最终落脚点，市委主要领导多次深入社区了解民情、倾听民意，从2007年起，该市针对群众反映强烈的部分地区乘车难、老住宅供热难、老楼区环境差、困难群众改善住房等问题，每年组织实施20项民心工程。目前已经累计整修旧楼区910万平方米，改善了22万户群众的居住环境；完成200万平方米危陋房屋拆迁，安置居民8万户；完成老住宅供热补建325万平方米，6.5万户居民彻底告别燃煤取暖的历史；新建人行天桥20座，改造里巷道路428片、支路156条，方便了群众出行；完成11万户居民户内供水、供气管道更新和400处高层住宅二次供水设施改造。20项民心工程的实施，方便了群众生活，起到了顺民意、聚民气、得民心的良好效果。天津的经验表明：城市建设的最终目的是让人民群众更多地享受到改革发展的成果，只有坚持群众利益优先，城市建设才能得到人民群众的支持和配合。

三

学习考察的目的在于借鉴运用。当务之急，是要把天津发展的成功经验和好的做法认真消化吸收，真正做到为我所用，使张家口市城市建设的理念变得更新、标准变得更高、品位变得更精、环境变得更优、作风变得更硬。

要继续解放思想，创新城建理念。天津城市建设巨变的背后，是天津人对解放思想、创新发展的不懈追求。张家口同天津的差距，从根本上说是思想观念上的差距。要切实把解放思想贯穿于城市建设的全过程，着力在更高层次上增强思想解放的水平和针对性，进一步强化宜居理念，把居住舒适作为现代城市的第一追求；进一步强化精品理念，把城市的每一栋建筑、每一寸土地都当作艺术品精雕细刻，发挥独特优势，凸现城市魅力；进一步强化开放理念，放宽视野，彻底放开规划设计建设市场；进一步强化标准理念，瞄准一流，大手笔、大气魄搞城建，切实提升城市规划、建设和管理水平，做到在高水平规划引领下，拆建结合、建管同步，力争在更高起点上推动张家口市城市建设更好更快发展。

要坚定发展信心，完善城建思路。应当看到，经过近两年的艰苦实践，我们对城市建设的内涵、本质和规律有了更为准确的把握，初步探索出了一条符合张家口市实际的城建道路。学习借鉴天津的城建经验，更重要的是把天津好的经验和张家口的实际结合起来，做到天津经验本土化，不断完善城市发展思路。要坚持把城市建设与促进城市增值相统筹，更加注重市场化运作，认真做好经营建城这篇文章，做到城市资源的优化配置，促进城市资本整体升值，使城市建设走向良性循环的轨道。要坚持把城市建设与拓展发展空间相统筹，强化规划引领作用，认真总结近年来城市建设和管理的经验教训，坚持"扩张城区、拉大骨架"的思路，加快城市分区规划、专业规划和控制性详规的制定，构筑起内部结构合理、发展空间广阔、城乡统筹的城市发展格局，为城市发展提供空间环境支持。要坚持把城市建设与产业发展相统筹，加快建设三大产业集聚区和三大物流园区，提高建设水平，提升园区发展层次，为产业结构优化升级搭建平台。要坚持城市建设与加强基础设施建设相统筹，坚定不移地推进高速公路、铁路、海关、机场等重大基础设施建设，不断提升城市功能，强化城市承载辐射能力。要坚持城市建设与新农村发展相统筹，把新民居建设作为促进城乡一体的重要载体，抓紧实施百村示范工程，进一步加快社会主义新农村建设步伐。要坚持城市建设与改善民生相统筹，特别注重加大廉租房、经济适用住房、回迁安置房建设和城中村、棚户区、旧小区、小街小巷、居民密集区的改造力度，着力解决群众反映强烈的出行、吃水、就医、就学等热点难点问题，改善群众的基本生活条件，真正使城建工程成为给群众谋福利的民心工程。

要加强学习研究，提高工作能力。在天津，各级领导谈起城建都是如数家珍、头头是道，给予我们深刻启迪。新形势、新任务，对我们组织、推动城市建设的能力提出了新的更高的要求，各级领导干部特别是直接从事城市建设管理的同志一定要带头学习城建、研究城建，着力提高"三种能力"。一是提高业务能力，熟悉和掌握城市建设管理的基本知识特别是基本的决策程序和管理原则，努力成为行家里手、业务权威。二是提高战略思维能力，善于从工作中发现共性、倾向性和全局性问题，站在战略和全局高度思考和谋划张家口城建事业的发展。三是协调能力。牢固树立全市一盘棋思想，对分内工作要敢于负责、提出见解，对需要配合的工作要不讲条件、不遗余力，形成推动城市建设大发展的强大合力。

要转变工作作风，狠抓工作落实。2009年是推进"三年大变样"的关键年，艰巨的任务，繁重的工作，是锻炼队伍、提高能力的很好机会。要以学习先进为动力，继续发扬城建系统能打仗、能打硬仗的传统，将工作作风、工作干劲提高到一个新水平。始终保持"三种精神"：一是保持知难而进、迎难而上的精神。要有破解难题的勇气、胆气，要有突破制约的信心、决心，千方百计想办法，以务实的态度，从困难中想实招、抢机遇。二是保持用心谋事、尽心干事的精神。特殊时期，做工作决不能一般性做，一定要上心、用心，要兢兢业业，始终有一种危机感、紧迫感，做任何事要盯紧看牢、一抓到底。三是保持注重实战、狠抓落实的精神。全身心投入，事事有人盯、项项有着落、件件有回音，善打大仗，敢打硬仗，做一件事就要成一件事，实实在在解决问题，而且干出高水平、高质量。

开拓视野　正视差距　明确目标

——上海世博园演绎"城市，让生活更美好"

2010年5月24日至27日，秦皇岛市参加全省领导干部上海世博园考察培训班期间，实地参观了世博园，聆听了"如何统筹规划世博园区及其规划的实施与管理"、"城市环境艺术"等五场专题讲座。4天中，考察团在参观中学习，在聆听中思考，世博园恢弘的气势、展现出的未来城市的美好前景让人震动，上海人科学的态度、创新的精神、务实的作风让人感动，我们与之相比存在的明显差距催人行动，深感不虚此行，确实开阔了视野，看到了差距，受到了启迪，明确了思路。

一、上海世博会"城市，让生活更美好"的主题，生动诠释了世界城市发展的最新理念

上海世博会是首届以城市为主题的世博会，以独特视角演绎了"城市，让生活更美好"的主题，为我们近距离了解世界城市发展最新理念提供了难得机遇。

一是人本理念。生动诠释了"为了谁"的问题。世博会把满足人的多种需要、让人们"诗意般地栖息"作为城市发展的出发点和落脚点，向人们展示了世界各国城市居民居住、生活、工作的新境地。

二是低碳理念。生动诠释了"如何营造宜居环境"的问题。为破解气候变暖这一全球性课题，世博会把低碳作为核心理念，从整体布局到单体建筑，从园区建设到组织运作，集合了当今世界所有的低碳、环保、生态技术和模式，传递着节能减排的强烈信号。

三是文化理念。生动诠释了"怎么塑造城市特色"的问题。经济全球化背景下，城市建设既肩负着延续历史、塑造特色的重要使命，又不可避免地面对多元文化的碰撞和融合。世博园把中国元素充分运用到现代建筑上，展示了城市发展中的中国式智慧。

四是科技理念。生动诠释了"靠什么获取支撑和动力"的问题。科技发明与创新是世博会最厚重的内涵之一，是贯穿于世博会百年历程的主线。世博会多角度、多渠道、多层面地嵌入现代科技元素，让科学思维和科技成就渗透到了每一个细节，充分体现了"科技改变城市，创新改变生活"的内涵。

二、上海世博园的规划建设成果，启迪我们推进城镇化战略要做好统筹文章

上海世博会把当今城市建设的最新理念和未来城市发展的美好前景呈现在世人面前。当前，秦皇岛市正处于城镇面貌三年大变样向纵深推进，"宜居宜业宜游、富庶文明和谐"新秦皇岛建设步伐加快的关键时期，学习世博园规划建设经验，对于推进城市建设上水平、出品位具有十分重要意义。品鉴上海经验，深思秦皇岛工作，需在抓好"四个统筹"上下功夫。

一是统筹宏观改观和微观改善。细节决定成败，细节折射品位。世博园的规划建设高度关注每个细节的打造。秦皇岛作为体量相对较小的城市，在快节奏推进城市建设，大力度改善城市形象的同时，必须统筹城市发展的速度、质量和水平，充分考虑人的需求，着眼细处、克勤小物，把"以人为本"的原则贯穿始终，高起点规划、高标准建设、高效能管理，力求宏观彰显大气、微观体现精细。

二是统筹当前建设和长远发展。上海把世博园建设放在了整个城市长远发展中来考虑，直接推动了城市基础设施的完善和公共功能的提升。秦皇岛必须

借鉴这一经验，站在经济社会发展全局来定位和把握城市建设。加强城市发展战略研究，拓展城市空间，做强区位发展优势，破解区域空间狭窄、人口规模和经济规模偏小、区位潜质和环境优势亟待拓展的问题。

三是统筹旧城改造和历史传承。世博园在规划建设中大规模保留和保护历史建筑，既是世博会历史上的创举，也是对城市发展思维和路径的新贡献。秦皇岛具有深厚的历史底蕴和人文积淀，在推进老旧片区、历史街区改造过程中，也要进行保护性改造开发，充分保留和展现帝王、碣石、孤竹、长城、避暑、休闲、葡萄酒等文化元素，展示城市记忆符号，体现历史文脉传承。

四是统筹城市发展和生态建设。上海世博园秉持城市发展取之于自然，反哺于自然的理念，高度重视资源节约和环境保护。对照这一理念，我们进一步认识到，环境优美、生态良好是秦皇岛最大的品牌、特色和优势，这个品牌必须贯穿体现到经济发展和城市建设之中，真正把生产、生活、生态作为不可分割的有机整体，既要金山银山，更要绿水青山。

三、对标上海世博经验，谋求秦皇岛城市发展的新突破

观世博、看世界、找差距、上水平，用世界的眼光找准目标定位和思路举措，推动城市建设上水平、出品位，走出有秦皇岛特色的发展之路，是世博园学习考察之行的落脚点。

（一）认真谋划"三年上水平"目标，科学把握推动城市建设的突破口

秦皇岛既处于全省打造沿海经济发展带的前沿，又承担着暑期服务的特殊政治任务，是展示河北发展建设成就的重要窗口。城市建设必须与城市特色、暑期服务和长远发展更加紧密地结合。基于这样的认识，我们初步确定，"三年上水平"要紧紧围绕一条主线，即全面实施旅游立市龙头战略这条主线。把加速城镇化进程、城市建设与加强旅游基础设施建设，完善旅游功能有机结合，寻求城镇文明和旅游发展的和谐共生。突出一个核心，就是把生态建设作为首要任务。层层树立绿色价值观、生态政绩观，突出人与自然和谐，打造城市优势竞争力和创业环境，让秦皇岛变得更美丽、更干净、更生态。把握好四个环节。一是统筹"三生"（生产、生活和生态）。以基础设施建设为突

破，以生态文明建设为抓手，全面推动城市品位和内涵迈入新境界。二是实现"三宜"目标（宜居、宜业、宜游）。建设经济发展更具活力、文化特色更加鲜明、人居环境更为优美的宜居净地、宜业福地、宜游乐地。三是突出"三大战略取向"。首先是提升国际影响力，用世界眼光谋划发展，用国际化标准推动建设。其次是提升区域竞争力，加快北戴河新区建设，以更大的力度拓展城市发展空间，集聚区域发展要素。再次是提升可持续发展能力，进一步加强造林绿化和生态保护，推动海域和河流的生态治理，推进资源集约利用。四是处理好"三大关注点"，即坚持城乡规划的高水准，强化城市与建筑设计的新理念，凸现城市功能的人本化。

（二）用全新理念审视规划成果，提升规划质量和水平

借助世博的先进理念重新审视每项规划，突出"人本、低碳、文化、科技"，解决城市发展面临问题。一是城乡一体化规划。以构建城乡和谐为目标，借鉴成都、新乡等地经验，重点做好城乡用地布局、产业布局、生态布局、居民点布局、重大基础设施布局等五个方面的统筹规划，为全市城乡一体化发展和新民居建设提供科学依据。二是风景名胜区和历史文化名城保护规划。按照保护与发展并重的原则，修编山海关历史文化名城保护规划和风景名胜区总体规划，切实保护好核心资源，为城市可持续发展和文化传承提供依据。三是近期建设规划。以城市总体规划为依据，以"十二五"规划为前提，围绕今后三到五年的城市发展目标和城建工作重点，启动前期研究准备，梳理城市发展思路，整合各部门工作计划，切实发挥规划的龙头引领作用。四是重点地段、重点区域的城市设计。以"道路、边界、区域、节点和标志物"五种城市意象要素为切入点，紧密结合三年大变样、三年上水平的要求，编制完成秦皇大街、火车站广场、商业中心区、行政中心、标志性雕塑等设计工作，高水平规划建设1~2个城市最佳实践区。

（三）加快北戴河新区保护建设，走出生态城建设的特色之路

坚持人文生态立区、高端业态兴区，积极推进国家级生态示范城创建工作。首先，要抓紧实施规划编制。在城市总体规划、旅游产业规划和北戴河新区总体城市设计的基础上，结合近期重点旅游项目实施，完成新区总体规划编制，引导新区项目的合理有序建设和科学发展。同时，加快制定分区规划和专项规划，完善新区整体规划体系。第二，要大力加强基础设施建设。加快建设昌黄连接线、抚南连接线，推进供水、供热、供气、污水处理等公用基础设施建设；高标准实施绿化造林建设；抓好南戴河一小区和黄金海岸北区既有片区的综合整治。第三，要加大招商引资引智力度。引进一批高层次、集团化、与新区产业发展定位一致的重大投资项目。当前，重点推进北京国华北戴河国际旅游度假中心项目、澳大利亚圣蓝皇家旅游综合项目、奥特莱斯世界名牌折扣城及第三产业服务园区等项目，力争暑期前开工建设。

（四）加强生态保护和节能减排，构建更加宜居的良好环境

一方面，充分利用城市自然资源，把城市建设与保护自然、回报自然结合起来。深入实施绿色秦皇岛建设，抓好京沈高速、沿海高速绿化以及山海关滨海森林公园一期等工程；实施花城花街和老旧小区、单位庭院增花添绿工程，建设北方"花城"。实施大水系建设，开展城区六河水系综合整治，抓好贾河、洋河等县域七河治理工程，打造"生态水城"。另一方面，大力实施节能减排，转变城市发展方式。减排方面，加强重点能耗企业的节能管理，有序关停取缔小水泥、小造纸、小钢铁、小化工等落后产能，全面整治燃煤锅炉和工业窑炉；大力发展低碳经济，积极创建国家环保模范城。节能方面，积极推动绿色生产和消费。积极推广可再生能源利用。力争太阳能与建筑一体化在3~5年内达到500万平方米以上；海水源、地源供热在试点基础上强力推进，力争3~5年内达到100万平方米以上；全面落实65%节能标准，推广应用建筑节能材料，加强既有建筑节能改造，推行建筑节能示范工程、示范小区、示范项目，完善绿色建筑星级标识制度。

（五）加强综合交通体系建设，构建互联互通、快捷进出的现代交通格局

陆路方面：要提升主干路，打通断头路，畅通片区路，优化市区路网布局。在抓好民族路等25项道路工程的同时，谋划燕山大街东延伸、102国道北移、北港大街西延等道路项目，优化主城区北部交通组织。要打造城市快速通道，建设城乡大交通格局。抓好西部快速路、秦抚路、龙港路等道路建设，增强城市各组团之间联系，带动城市空间拓展。要全力推进津秦客专建设和火车站改造。空路方面：抓好北戴河机场建设。努力开通至国内主要城市的航线，争取达到每日10个航班。海路方面：加快培育新的班轮航线，争取开通至日本关西、韩国釜山的班轮航线。推进旅游码头建设，逐步增开新的海上客运航线。结合综合交通体系建设，大力试行地下城市管道综合走廊建设模式。此方面，秦皇岛市曾进行过积极探索，引进了外地管理公司，授权其对城市地下弱电管网进行统一建设、运营和管理，但受管理机制等因素影响，成效不够明显。下一步，要按照我省要求，认真研究"共同管沟"的建设管理模式，破解"拉链路"和"蜘蛛网"问题。

（六）推进城市综合体建设，着力提升城市品位

以成片拆迁改造为抓手，完善各层次规划、城市设计，实现规划设计、功能定位、景观要素、整治建设全覆盖。积极吸引有实力、有信誉的战略投资者，实施成片区、立体式综合开发。重点实施金梦海湾项目、山海关中心商务区建设，推进范家店、西四村、归提寨等片区改造，启动北戴河北部新城核心区、抚宁牛头崖等片区开发，建设高品位的综合功能区和新型社区。为充分利用城市地下空间，提高人防能力，完善中央商务区功能，改善主城区交通环境，已确定采取招商形式引资6亿元，在主城区商业中心地带建设平战结合的地下商业街，开发面积约6万平方米，初步计划暑期后开工。

（七）加强城市有形文化建设，打造特色，彰显魅力

坚持存之于内、形之于外的理念，突出挖掘城市固有独特的文化内涵和历史元素，对不同时期的特色建筑进行发掘保护。坚持旧城改造开发与商业业态、文化旅游发展紧密结合，深度挖掘城市底蕴、整合景观资源、增加文化元素，抓紧实施海港区开滦路历史街区、金三角特色商业街、海阳明清古镇、山海关环古城、北戴河海北路、中海滩路等街区的整治改造，集中打造一批建筑精品和城市亮点，使山水人文景观合理组合、协调配置，成为环境优美、文脉传承、品位高雅的城市窗口，为旅游立市龙头战略的深入实施创造条件。

在学习中不断提高对城市改造建设的认识
——上海、重庆、兰州、库尔勒城市建设的经验

2010年10月19日至25日，肖双胜副市长带领廊坊市城市管理考察团赴上海、重庆、兰州、库尔勒四市进行了为期7天的学习考察。四市在城市管理上都有独到之处，总体感觉是思路新、办法多、效果好，城市管理井然有序，城市面貌取得显著变化，城市品位得到了显著提升。

一、主要经验和做法

这次考察的城市，分为三个层次：上海、重庆是直辖市，兰州是省会城市，经济社会发展水平都比较高，库尔勒是县级市，城市建设特色鲜明。通过考察学习，感到四市都处于城市建设的高峰期，大规划引领发展，大建设如火如荼，大管理有章有法，大开发气势如虹，城市容貌干净整洁，城市交通畅通，城市品位发生了质的变化。

（一）领导重视

这次考察的四个城市，市委、市政府主要领导对城市管理非常重视，亲自担任城市管理委员会主任，切实把城市管理工作摆到了突出位置，列入了重要议事日程，主动跨前一步，取得了很好的效果。上海市以迎世博为契机，成立了迎世博市容环境综合整治领导小组，主管副市长任组长，围绕"美好环境、

美好生活"战略构想，全市动员，全民参与，全力以赴，突出重点，营造亮点，把握节点，改善市容环境，提升服务能力，保障城市运行，推动市容环境综合管理水平上台阶。库尔勒市委、市政府长期以来高度重视城市管理工作，将其作为推动城市文明进步、提升外在形象品位、改善招商投资环境、促进社会经济发展的大事紧抓不放，常抓不懈，并紧密结合实际，锐意改革创新，实行政策倾斜，完善管理措施，使城市管理工作得到大幅提升，在新疆同类地区处于领先水平。

（二）精细管理

四市在城市管理方面突出的做法是整合城市管理资源，建立长效综合管理标准化体系，完善城市长效综合管理制度，落实"横向到边、纵向到底、责任到人"的责任体系，实现城市管理由粗放式向精细化、由被动管理向主动管理、由单一管理主体向多元管理主体转变，确保城市管理"及时、高效、精细、规范、长效"。重庆市开通了12319城市管理服务热线，把市民投诉问题、接办处置结果纳入到《2010年"民心工程"项目和政府工作目标任务分解表》和《主城区市容环境综合整治月度考核指标》考评内容，引导市民参与城市管理监督。热线电话开通仅半年时间，就有1.2万人次市民群众参与，日最高咨询或投诉达260人次，按时办结率为79.19%，总体结案率为93.83%。库尔勒市实行道路清扫横断面管理（道路两边门店前所有空地、绿化带、人行道、分隔带、非机动车道、机动车道进行统一清扫保洁），每天清扫保洁，做到"四无六净一掏擦"。四无：无堆积物、无果皮纸屑、无砖头石子、无污物积水；六净：路面净、隔离带净、门前净、人行道净、果皮箱净、花坛周围净；一掏擦：果皮箱每日掏擦，沿街垃圾箱及城市公用设施每日擦洗，保持洁净。同时，还建立了清扫岗位能手标兵评选机制，以榜样带动更多的清洁工做好清扫保洁工作。

（三）落实责任

上海市制定了《上海市迎世博加强市容环境综合管理600天行动计划纲要》，逐项明确了工作范围、标准要求、重点任务、时间安排和保障措施，确立了"市区联手、以区为主"的工作机制，编制计划任务书，加强综合协调和督导检查，层层压实责任，确保各项工作落到实处。库尔勒市先后制定出台了《库尔勒市爱国卫生管理实施方案》、《机关、团体卫生检查评比管理要求》、《库尔勒市城市容貌及环境卫生管理标准》等相关文件，为进一步加大市容环境卫生管理提供了有效保障。

（四）严格奖惩

上海市设立迎世博城市管理综合办公室，负责日常工作的协调、督察和考评。编制了计划任务书，根据行动纲要明确的总体目标任务，确定各阶段重点项目和工作任务，并以计划书的形式，将组织实施的任务分解落实到区级政府和各责任部门。加强了综合协调和督促检查，由市城市管理综合办公室负责考评，对照计划任务书逐一验收销项，对完不成任务的，一律追究主要领导责任，并责令向市政府写出书面报告，确保各项工作落到实处。库尔勒市始终坚持在"督"字上争创一流，成立了专门督察办公室，细化完善了《督察管理办法》，制定了高标准、严要求的督察评比项目、依据、检查程序和奖惩办法，设置了督察奖惩兑现监控图、红旗竞赛台。实行了步行抽查制度、日常检查制度，把定期督察同抽查、查岗、查勤相结合，细化检查评比标准，如发现路上有1张纸片扣1分，4个烟头扣1分，1分扣款2元，直接与工资挂钩。

二、几点启示

这次考察期间，白天参观座谈，晚上研讨交流，考察团边看边听边议边思，并结合本地本部门实际，谈了考察感受和下一步工作想法。主要有以下几点启示：

（一）健全机制是前提

过去，廊坊市在城市管理上，对管理对象的空间位置不准、时间不清、责任不明，管理粗放、效率不高、效果不佳，虽然有规章规定，但很难落实到位，存在着部门之间推诿扯皮、职责交叉的现象。上海、重庆、兰州等市都从健全管理体制机制入手，充分发挥城市网格化管理平台的作用，实现了对管理对象空间上、时间上和责任上的精确定位，使各类问题在最短时间内得到解决，使城市的管理由粗放转向精准。上海市坚持市场化运作模式，推进政企分开、政事分开、管干分离，将市政设施维护、园林绿化养护、环境卫生作业等任务逐步推向了市场。

（二）明确责任是保证

实践证明：只有任务明确到位、责任到人，才能有效保证各项工作落实。四市在城市管理、市容环境整治、交通畅通等方面都把责任明确到位，分清市级责任和区级责任、部门责任，解决了职责不清、管理缺位的问题。上海市、兰州市进一步下移管理重心，明确加强城市管理的实施主体是区级政府，加强专业管理在基层的力量配置，实行目标管理责任制，明确任务，确定责任人，一步一步推进，一项一项落实，层层落实责任，形成大管理格局。

（三）强化监督是基础

城市管理要强化检查考核力度，用人盯人、全天候的"笨办法"，解决城市管理不到位、责任落实不到位问题。上海、兰州、重庆等地都建立了市级对区城管监督考核机制，完善激励机制，依托数字化网络，构建起日常巡查、市民投诉、民意测评相结合的城管评价体系，定期公布区级城管工作绩效考核排名，并给予物质奖励。库尔勒市在施工现场管理上，采取了挂牌方式，对管理规范、整洁干净的挂"优"，对管理不到位、效果不佳的挂"差"，并限期整改到位。廊坊市市容环境最突出的问题是施工现场管理，上路带泥遗撒，超速超载等现象严重，这方面必须下定决心，制定细则，严格标准，规范管理，以硬措施、硬手腕从源头上卡死管住。

（四）精细管理是关键

城市建设三分建、七分管，关键是精细化。上海市在实现数字化管理全覆盖的基础上，联动"12319"城管热线和实时监控，推进专业网格化建设，做实做细街镇管理，完善综合评价监督，构建了"发现及时、处置快速、解决有效、监督有力"的数字化管理机制。同时，坚持社会公众参与，强化社会各界参与城市管理的积极性，丰富和拓宽社会参与渠道，形成共创共建共管的良好局面。

三、工作建议

（一）强化领导，成立廊坊市城市管理委员会

城市管理是一项复杂的系统工程，涉及面广，要求高、标准严，领导关注，市民关心。为加强对城市管理的领导力度，建议成立拟由市长任主任，主管副市长任副主任，综合执法、规划、建设、交通、房管、环保、卫生、交警、园林、环卫、广阳区、安次区、廊坊开发区等部门的主要负责人为成员的廊坊市城市管理委员会，下设办公室，挂廊坊市城市化办公室牌子，挂靠市政府办公室。办公室主任由市政府主管副秘书长兼任，专职副主任由一名熟悉业务的处级领导担任。主要职责是：负责城市管理的综合协调、制定方案、督导检查、落实奖惩等项工作，定期召开联席会议，查摆问题，采取措施，全力整改到位。

（二）狠抓落实，深入实施市容环境整治"百日攻坚"行动

市容环境整治既是城镇面貌三年大变样考核验收的重要内容，也是提升城市形象的内在需要。各级各部门要严格按照《廊坊市2010年城市容貌整治与景观建设攻坚行动实施方案》要求，本着"广泛动员，全民参与，严格标准，严格奖惩"的原则，深入开展市容环境整治"百日攻坚"行动，自2010年11月1日开始，2011年2月11日结束。主要内容包括整治市容环境、拆除私搭乱建、规范户外广告、整治道路秩序、加强路网建设、强化污染治理等方面，推进城市精细化管理，主干道向小街巷统筹推进，努力打造干净、整洁、有序的城市容貌。新闻媒体要充分发挥舆论监督作用，全方位加大宣传力度，对重点工程全程跟踪，开辟专栏专版，对进度快、效果好的大张旗鼓地给予表扬，对进度缓慢、效果差的要公开曝光，形成声势，营造"确保全局、大干当前"的良好社会氛围。

（三）标本兼治，解决突出问题

一是施工现场管理，由廊坊市建设局负责，制定建设工地现场、建筑运输的管理标准，要严格文明工地的评比考核，抓好工地围档、工地现场及建筑运输车辆管理。要重点加强建筑垃圾运输管理，规范建筑垃圾处置标准，严格审查建筑垃圾运输单位的承运条件，加强执法巡查，严格按照有关法律、法规和

规定对建筑运输违法违章行为进行查处。对施工现场管理好的挂"优"牌，对施工现场管理差的挂"差"牌。二是交通畅通管理，由廊坊市财政局负责研究交通补贴办法。廊坊市交警支队负责研究优化公交线路、公车私车限时限行等有关办法；同时，廊坊市交警支队负责抓紧设置单行线，合理安排停车场及停车点，最大限度盘活支小道路，打通城市交通"微循环"。要完善提升市区智能交通管控系统，推进路口渠化，合理增设交通标志标线，参照新华路增设隔离护栏，最大限度消除穿行路口，提高道路通行效率。要大力倡导步行交通、公共交通方式，推行一周限行公车私车方式，对乱停乱放、超速超载等各类违章行为实施严管重罚，切实提高交通管理水平。三是市容环境管理，由市环卫局负责，调配足够的人力和器械，全天候清扫保洁，全天候一线监管，全天候现场督察。要以市区内主次干道、小街巷、城乡结合部、城市出入口、铁路沿线、城中村为重点，加大清扫保洁力度，及时消除积存垃圾、杂草杂物，确保可视范围内无积存垃圾，避免出现反弹和回潮现象。四是园林绿化管理，由廊坊市园林局负责，彻底清除市区主次干道绿化带、广场、公园、公共绿地等各类垃圾，做好植物修整，确保花草树木品种多样、整洁干净。

（四）深入研究，建立健全长效机制

市建设、综合执法、交警、园林、环卫等部门要着眼长远，围绕建立长效机制，把外地先进经验与本地实际结合起来，进一步完善细化各项规定制度，固化坚持，务实管用。一是坚持重心下移，以区为主，属地管理。按照重心下移、属地管理的要求，特别是综合执法、环卫应确保事权、财权和相应职权下放到位，不断深化"两级政府、三级管理、四级网络"城管体制改革，该放的要放下去，该管的要管起来，强化两区政府、街办处、居委会在城市管理中的基础地位，充分发挥社区在城市管理中的积极作用。二是强化高位监管机制。城市管理委员会办公室要对各区、各部门的城市管理工作进行天天检查、月月点评、年度考核，通过新闻媒体定期公布考评结果。区（街）办事处、居委会也要建立相应的考评机制，形成三级考评体系。要将城市管理工作纳入到各部门年底考核的重要内容，作为文明单位评选的重要依据，实行"一票否决"，进一步增强刚性约束力。三是建立统一的城市管理受理指挥平台。在落实各项长效管理机制的基础上，以市级数字化管理中心为一级平台，三区和涉及城市管理的部门为二级平台，实现城市管理的信息化、标准化、精细化。由城市管理委员会牵头，各责任单位协调配合，建立联动系统，保证城市运行中出现的问题和突发事件能够及时发现、及时处理、及时解决，建立沟通快捷、分工明确、责任到位、反应快速、处置及时、运转高效的城市管理长效监督机制，努力打造良好的城市环境。

历史与现代交相辉映

——绍兴在转变城市建设方式中嬗变

2010年5月，保定市组成考察团对浙江省绍兴市城市建设进行了考察。

一、绍兴城建经验

绍兴市的城市发展迅速。越城、袍江、杨桥、镜湖、绿心五大组团相结合的大城市框架全面拉开，旧城改造全部推进。全市城市化水平已达50%。小舜江供水工程、环城河整治、城市广场、杭甬、上三高速公路等一批重点基础设施和环境改造工程建成使用。电网综合自动化程度和邮电通讯能力处于国内先进水平。在城市化建设实践中形成了具体发展目标：

以现代化战略为导向，规划为先导，改革为动力，政策为保障，加快城市化进程；遵循城市化发展的客观规律，统筹安排，有序推进，强化绍兴中心城市功能，积极发展县城中心城市，择优培育中心镇，完善城镇体系；全面提高城市整体素质；增强城市要素集聚和经济辐射功能；充分发挥城市在区域经济和社会发展中的核心作用，实现城乡经济协调发展，使居民的生活质量得到显著提高，逐步把绍兴建设成为历史文化与现代文明融为一体的经济强市、文化名市、旅游大市，形成现代化的城市格局。

与此同时，也提出推进绍兴城市化进程的基本思路。一是强化绍兴中心城市在市域城镇体系中的主导地位。二是加快发展县域中心城市，不断增强其要素集聚和经济辐射功能。三是择优培育中心镇，促进小城镇发展从数量型向质量型转变。四是按照市场经济规律和经济内在联系，优化城镇发展的空间结构布局。具体做法如下：

（一）围绕"清水"做文章

绍兴以水建城，以水闻名。然而，在工业发展过程中造成的水污染，成为促进绍兴经济社会可持续发展的最大障碍。总投资21亿元的小舜江供水工程基本建成，2001年初开始向市区直供一流饮用水，解决了长期以来困扰绍兴人"身在水乡喝不到优质水"的问题。总投资15亿元的绍兴市污水治理工程，全部建成后可接纳绍兴市区和绍兴平原地带90%的工业污水和生活污水，经过处理排放的水质可达到国家二级环保标准。历时三年，总投资12亿元的绍兴城市防洪及环城河综合整治工程，把原来河淤、邋遢、水脏的环城河，变成了水清可游、岸绿可闲、景美可赏的旅游休闲佳处，大大提高了城市品位。

（二）围绕"畅通"做文章

把城市道路作为城市化建设的"先行官"。近几年来，绍兴市委、市政府组织实施了大规模的城市道路建设，拓宽并改造了城市所有进出主干道。目前，现代化的城市道路框架已基本形成。

（三）围绕"保护"做文章

在推进城市化进程中，绍兴市委、市政府十分重视继承丰富的文化遗产，按照"重点保护，合理保留，局部改造，普通改善"的思路，力求融历史文化与现代文明为一体，所有新建的城市工程都注重从传统文化中汲取营养，并形成自己的文化和特色。

（四）围绕"美化"做文章

在推进城市过程中，绍兴市委、市政府把园林绿化作为新一轮城市建设的突破口。无论是环城河治理工程，城市道路改、扩（建）工程，还是居住小区建设、企业新建、办公等公用设施建设，都必须按城市绿化规划完成绿化指标。目前，绍兴市建成区绿化率达到48.7%。

（五）围绕"功能"做文章

以增强城市集聚和辐射能力为核心，强化绍兴中心城市功能建设，完善社会事业设施网络，提高城市承载能力。主要是电网、电信、广电、教育、文化科技等重点领域加大了建设力度，建成了一批国内领先的重点工程，促进了社会各项事业的发展。

（六）围绕"产业"做文章

围绕提升产业层次、增强综合竞争力，以城市为依托，充分发挥人才、技术、资金和信息优势，加强三大产业的产业升级工程建设。重点抓好工业园区、经济技术开发区建设。通过重大工业技改项目的实施，使绍兴高新技术产业不断成长壮大，传统产业焕发了新的生机和活力，经济结构进一步优化。同时也进一步增强了城市经济的辐射带动功能。

（七）围绕"市场化"做好经营文章

绍兴市在推进城市化发展中，积极探索市场化经营的新思路、新办法、新途径。

一是经营方式多样化。主要是积极开展城市土地经营、授权经营和捆绑经营。城市土地经营是以经营城市理念，盘活土地资本，使其成为城市基础设施建设筹资的主渠道。授权经营是在明晰产权的基础上，对城市基础设施实施授权经营，发挥和利用被授权公司的资产经营功能，增强被授权公司的融资能力。如绍兴市交通系统将部分国有资产授权给绍兴市交通投资开发公司经营管理。此外，又相继成立了绍兴市城市建设投资公司，会稽山旅游投资开发公司、文化旅游投资有限公司、河道整治投资开发有限公司等。城市广场及地下室、火车站广场、东街绿化广场、环城河整治工程和文化旅游等项目都是政府授权上述投资公司建设经营的。授权经营调动了被授权方的积极性，使城市基础设施融资能力大大增强；捆绑经营是对于只能由政府承担的非经营性项目如城市广场、城市道路，采取捆绑经营的方式，把经营性项目和非经营性项目捆绑起来。通过经营性项目融资促进非经营性项目的建设。如绍兴市东街绿化广场、城市广场、地下商场和绍兴旅游景点附近的营业房等，均采用了捆绑经营方式运作，并取得了较好效果。捆绑经营为非经营性项目筹措建设资金探索了新路。

二是融资渠道多元化。绍兴市从国家及地方预算资金安排为主，逐步向债券、上市融资、利用外资、社会投资等多种筹资渠道转变，使城市基础设施建设资金来源中，国家与地方财政预算内资金投入比例逐渐降低，贷款、债券、外资、社会投资比例呈逐年增长态势。

三是投资主体多元化。从政府投资为主逐渐向政府、企业、个人等多元投资主体转变，对社会资本进入城市基础设施项目采取扶持政策，吸引民营企业、外资企业、个私企业大量进入。特别值得一提的是绍兴市委、市政府积极大胆探索机制创新，对区域性重大基础设施项目实行统一领导、统一规划、统一建设，倡导了利益同享、风险共担的市、县共建新模式。

二、有益启示

（一）在"河水还清"上下功夫

一是在市区内环水系建设上，继续巩固雨污分流全覆盖成果，封堵排污口，加大管理力度，完善城市生态景观，打造亲水近水的滨河风景带。二是在市区外环水系建设中，实施清水绕城工程，建湖植绿，打造西倚太行山、东临白洋淀，山水相连、水城一体的生态空间，建设接山近水亲绿的生态宜居城市。三是全面治理疏浚域内所有经过县城的河流，做到既防洪又造景，打造一条条水清、岸绿、景美、宜人的风景带。

（二）在"确保畅通"上下功夫

一是加大城区道路拓宽改造步伐。研究城市拥堵的关键点，加大投入力度，拓宽改造老城区重要路段。二是加大停车场建设力度。大型公共建筑、商场、饭店、工厂、学校、医院、幼儿园等，今后建设必须同步建设停车场。三是加大交通管理力度，对乱停乱放车辆先拖走再处罚。

（三）在"保护古城"上下功夫

对保定的历史文化资源，应该进行科学保护、深入挖掘、合理开发、有效利用，加大重点文物保护力度，实施一批古迹修缮工程，恢复一批古城特色街区，重塑"明清风貌、灰墙黛瓦、书院衙署、槐柳荷花"的古城形象。

（四）在"文化品位"上下功夫

把传承保定文化作为提升城市品位的核心内容，加快建设文化、体育两大产业园区和曲阳雕刻、安新苇画、易水古砚等十大文化产业基地，光大"中国历史文化名城"、"中国优秀旅游城市"、"国家动漫产业发展（保定）基地"、"冠军摇篮"、"学生城"五块牌子。

（五）在"低碳之城"上下功夫

保定应坚持把低碳作为提升品位的重要内容和金字招牌，树立低碳理念，发展低碳经济，强化低碳管理，倡导低碳生活。

（六）在"产业支撑"上下功夫

城市发展必须以产业为支撑，应该进一步加快以北部"中国电谷"、南部"汽车基地"为代表的产业基地建设，提高产业集聚能力和水平，为城市发展提供强有力的支撑。

（七）在"片区建设"上下功夫

城市功能补强、城市承载能力提高，旧城必须在成片区改造上下功夫，新区必须在成片区建设上下功夫。保定旧城区应该紧紧抓住清真寺、西大园、府河、万博城四大片区改造，补功能、补设施；新城区应该加大东、西两湖新区、电谷新区和高铁片区四大片区建设，高起点、高标准。

（八）在"转变理念"上下功夫

一是树立规划至上理念。把城市发展规划与主导产业规划、低碳保定规划、森林城市规划、园林城市规划结合，统筹中心城市和县、乡村规划，更加突出规划的引领和约束作用。二是树立生态至上理念。坚持做城市重点是做生态、做环境、做宜居生活空间。三是树立精细至上理念。注重细节，精心谋划，精致建设，精细管理。推进城市管理体制改革，加强区级城市管理队伍，促进执法型城管向服务型城管转变。四是树立市场化理念。强化市场化解决城市建设问题，创新经营模式，利用授权经营方法，捆绑经营性项目和非经营性项目，花钱买环境、花钱买设施；发挥"第二财政"作用，做足"以地生财"文章，拓宽融资渠道，破解城市建设的资金难题。

大气出于意新　灵气出于匠心

——滨州、济南、铁岭城市建设展现新景象

为坚决打好"城镇面貌三年大变样"决胜年这场硬仗，加速推进衡水市"水市湖城"建设，2010年3月20日至22日，利用双休日时间，衡水市委书记陈贵带领市四大班子部分领导和有关县市区、市直部门负责同志，赴山东滨州、济南，辽宁铁岭进行学习考察。期间，听取了三市的经验介绍，实地考察了滨州城市规划展览馆、新立河改造工程、南海水利工程、白鹭湖，济南新区建设规划、国际园艺花卉博览园，铁岭高新区、中利科技集团、辽宁专用车生产基地及铁岭新城的凡河生态治理工程、莲花湖湿地等情况。大家一致感到：这次学习考察，时间虽短，但收获很大，既解放了思想，也开阔了思路；既学到了硬招数，也学到了硬作风；既感到了压力，也增加了动力，进一步坚定了实现城镇面貌三年大变样，建好"水市湖城"的信心和决心。

一、三市总体印象

鲁辽三市特别是滨州、铁岭，无论是从历史沿革、市情特点还是发展基础都与衡水相似。在学习考察中，三市的思想解放程度之高、改革开放力度之大、经济发展势头之猛、城市面貌变化之快，给考察团留下了非常深刻的印象。特别是三市在城市建设上的大手笔、大气魄，高水平、高品位，使考察团

视觉受到了强烈的冲击，心里受到了强烈的震撼。

一是坚持超前思维，高点定位，以一流的规划引领城市发展。考察团学习考察的三市都把规划作为城市建设的龙头和总纲，向规划要效益、要品位、要空间，向规划要生产力、要竞争力。滨州市坚持以新视角谋划、新理念规划，统筹考虑城的现状、水的需求、路的改线、生态需要，确立了"四环五海、生态滨州"、"粮丰林茂、北国江南"的城市定位，并按照"取土成塘、扩挖成海、修整城河、筑土修路、积土为基"的思路，先后编制完成了"四环五海"、36桥、72湖的主体城市框架规划，配套编制了"六条河道治理"、108个街头绿地公园等工程规划。滨州市的新立河改造，从南至北按照四季园林的理念设计，实现了"水清、岸绿、景美"的目标，成为市区一道亮丽的风景带。济南园博园规划建设，以水元素为环境基础，以"泉文化"为主要特色，以新技术、新理念的应用为时代特征，展示了中国传统园林和当代西方园林的最新发展成果，成为国内最大的陆地园博园。铁岭市把规划作为"一把手"工程，以创新的理念、全新的观念推进城市建设。特别是他们通过组织"新城设计国际竞赛"，聘请国际顶级机构，以国际先进理念，对凡河新城进行规划，确立了打造适宜人居、适宜创业、适宜休闲度假的"中国北方水城"的城市定位。并坚持统一规划，统一设计，业主单位按图索骥，为快速度、高水平城市建设提供了"铁"的保证。

二是坚持高效建设、实推快进，以超常的力度推动城市大变化。考察团学习考察的地方，城市建设不仅规划大、目标大，而且投入大、推力大；不仅理念新、创意新，而且招数新、举措新；不仅决策快、部署快，而且推进快、变化快，创出了城市建设速度，创造了城市发展奇迹。滨州市的"四环五海"，以建设环城公路、环城水系、环城绿带、环城景观带，东、西、南、北、中五个水库为重点，是一项集园林与湖水于一色，融产业、生态、文化为一体的综合性工程。他们抱定"不干则已，干就干出全省乃至全国一流"的信念，敢干大事，快抓大事，昼夜奋战，只争朝夕，仅用两年多的时间，就完成了这一浩大工程，使城市发展空间扩大了4倍多，水体面积增长了7倍多。济南在园博园建设中，突出一个"快"字，全面提速，高效推进，仅用11个月的时间就完成了投资11亿元，包括水之门、中央湖区、主展馆、科技展馆等主题工程和108个城市园林建设，创造了建园速度的奇迹。铁岭市以非凡的气魄和"敢为天下先"的意识，自加压力，昂扬奋进，你追我赶，攀强比活，大打城市建设攻坚战。考察团一进入凡河新城，就被眼前的一座现代化城市所吸引，被当地干部"追求高效率、体现超常规、实行倒计时、做到满负荷"的精神所感动。凡河新城于2006年6月开工，当时他们提出"一年打基础，两年出形象，三年大变样，五年建成起步区"，三年多的时间，就完成了5平方公里的新城区建设。同时完成了22平方公里的基础设施建设，从根本上改变了铁岭一座城市一个城区的状况。

三是坚持多方投入，多元经营，以创新的举措破解城建瓶颈。大力度、大气魄搞城市建设，土地、资金从哪里来？这既是考察团学习考察的重点内容，也是衡水"水市湖城"建设迫切需要解决的重大问题。近年来，三市始终注重体制创新，坚持走市场运作、经营城市之路，有效破解了瓶颈制约。滨州市巧借外力，善于造势，他们抓住国道改线的机遇，修建了东外环路、北外环路；借县乡公路建设之机，修建了西外环路；借黄河大坝淤背加宽的机遇，修建了南外环路。他们在"四环五海"建设中，专门成立了经营有限公司，加大市场融资力度，保障了投入需要。济南市建设园博园，借力建设部的运作，让107个全国"园林城市"（除云南灾区外）参展城市"凑份子"，既建设了展园，又留下了永久性景观。铁岭市创新城建理念，实行资源资产化、资产资本化、资本证券化，变一方投资为多方聚资，变政府包建为全民共建，变"有多少钱办多事"为"有多少事筹多少钱"。在凡河新城建设中，铁岭市采取政府资源与社会资本相结合、政府行为与企业化运作相结合的方式，组建了铁岭财京有限公司，出色地完成了新城的征地、筹资等工作。其中12.7公里的凡河综合整治，他们按水利改造工程申报，用地不占城市建设指标，从而缓解了土地紧张的矛盾。

四是坚持上下聚力，同心尽力，以强大的合力助推城建提速提效。鲁辽三市在城市建设上取得的巨大成就，得益于凝心聚力、同心尽力、形成合力，得益于全市齐动、部门联动、群众发动。滨州市对重点工程成立指挥部，市几大班子领导分线作战，分工负责，亲临现场，靠前指挥，有力地推动了工程进度。各有关参与单位都主动领命、刚性落实，所有工作人员和施工人员都积极主动，尽心竭力，形成了城市建设的"大合唱"。济南在新区建设中，各级各部门密切配合、加强协作，不讲条件，拒绝理由，促进了各项工作超速、高效发展。铁岭市提出在经济建设特别是城市建设上，四大班子都上第一线，党委、人大、政府、政协要齐下"火龙头"，共打翻身仗。在各级干部中弘扬"事必躬亲、事无巨细、事不过夜"的狠抓落实精神，发扬"重实际、重实干、重实效"的工作作风。特别是对凡河新城、专用车生产基地、物流城等建设，都由一名市委常委或副市长兼任管委会主任，明确职责，分解任务，确保了重点工程提速提效。

二、主要经验及启示

学习三市的经验，反观衡水的发展，不仅拓宽和丰富了衡水市打造"水市湖城"，破解瓶颈制约的思路和举措，更重要的是得到了一些深刻的启示。

启示之一：建设城市的核心在于塑造特色、打造品牌，特色依托于独有资源的有效利用，品牌成就于特有优势的精心提升。滨州市依托地处黄河三角洲腹地、北临渤海湾地理优势，突出"大空间、大绿地、大水面"的生态特色，强力打造"四环五海，生态滨州"、"粮丰林茂，北国江南"两大品牌；铁岭市借助"三河三湖"生态特色，打造"建在湿地上的城市"，建设"中国北方水城"。两市建设的思路和目标都建立在特有资源的有效利用和科学发展上，一以贯之地大做水的文章、生态的文章，才有了城市面貌的大改变，城市魅力的大提升。反观衡水，我们最大的优势是河湖优势，最好的资源是水资源。衡水湖国家级湿地和鸟类自然保护区是衡水的"金字招牌"。多年来，囿于衡水湖保护理念的局限，城市建设选择"背湖发展"，不仅不能借湖提升，反而使衡水湖的保护成了衡水的"包袱"。"三年大变样"实施以来，我们按照省委、省政府的要求，特别是张云川书记"有特色和个性的城市才是有魅力的城市"的指示精神，解放思想，转变观念，突出生态衡水特色，着力打造"水市湖城"品牌。实践证明：这个思路符合生态文明的要求，顺应现代城市发展的规律，切合衡水的发展实际，必须一以贯之、雷打不动地坚持下去。

启示之二：实干是检验思路的试金石，思想必须在真抓实干中统一，合力必须在实推快进中凝聚。滨州市在确立城市发展思路后，一任接一任，不遗余力地往前推进。铁岭市只用了三年多的时间，一座崭新的新城就初具规模，广大群众在城市的切实变化中认同了城市发展的理念，自觉汇聚了推进城市发展的强大动力。实践证明：解放思想、统一思想、凝聚合力的最好办法就是实干。一个新思路提出之后，总会有不同的声音，总会有这样的担心和那样的怀疑，这些都是正常现象。消除杂音、统一思想不能靠无休止的讨论、争论和辩论，坐而论道只能坐失良机。因此，认准了的事情就要大干快干，干则干好。特别是衡水打造"水市湖城"刚刚起步，许多工作刚刚破题，必须始终坚持解放思想不讨论，科学发展不争论，超常发展不高论，以快补慢不辩论，各项工作认认真真去谋，各项工程扎扎实实去推，让实战检验思路，让变化凝聚共识。

启示之三：破解瓶颈，最终出路在创新，要创新就必须勤于借鉴、敢于突破、勇于担责。三市在推进城市建设、破解瓶颈制约上都体现了创新精神。济南市建设园博园，借全国之力搞城市建设；铁岭市在城建工程上广泛采取土地一级开发、BT、BOT等先进的市场运作模式，他们在城市建设上都创造了许多成功的经验。经验可以借鉴，但不能复制。解决"水市湖城"建设中的问题，必须从实际出发，发挥自身的优势，采取适己的办法。一要勤于学习借鉴。勤于借鉴，首先要勤于学习。勤于学习就要深研政策、吃透政策，真正弄清楚哪些是"红线"，哪些是"禁区"，在学习借鉴的基础上去"换一种思路"、"动一下灵机"。二要敢于突破常规，沿袭旧路或者照搬别人的路数都解决不了自己的问题。三要勇于承担责任。要干成大事，既要尽到责任，又要敢担责任，特别是在一些人的思想还不够解放，甚至不统一的情况下，决策正确的事情，就必须敢于承担责任。多想工作怎么推进，少打自己的算盘，不能在困难面前犹豫、止步，甚至退缩。

启示之四：推进工作必须既要用力，更要用心，用力出速度，用心出品位。速度是作风问题，品位是理念问题。三市城市建设上表现出的大、新、宽、快的特点，体现出他们在工作上不但用了力，更用了心。城市建设，大气出于意新，灵气出于匠心。打造"水市湖城"，一方面要实推快进，看准的就一抓到底，特别是"水市湖城"起步阶段，要尽快建好基础，拉开框架，让"水市湖城"快出新形象，快出感染力，快出生产力；另一方面要精心雕琢，大到城市规划、发展定位、产业布局，中到楼群设计、路桥摆布、水面营造，小到绿化美化、景观创意、雕品含义，都要精心研究，用心琢磨，细心探索，展示生态的秀美，体现水市的细腻，彰显湖城的灵气，真正做到"软环境不留硬伤，硬环境不留软肋"。

三、下步工作打算

第一，进一步解放思想，坚定建设"水城湖城"的信心和决心。这次学习考察活动之后，衡水市将结合城镇面貌三年大变样决胜之年的实际情况，深入学习铁岭、滨州、济南三市城建经验，进一步解放思想，提升理念。每个县市区、每个部门都要组织小团队、小口径的学习考察，开展"对标"行动，推进对口学、专题学。既学规划上的大气，也学管理上的精细；既学"谋"大景观的魄力，也学"造"小精品的魅力；既学义无反顾的勇气，也学实招快推的灵气。要带着难题学，带着目标学，带着困难学，确保学到真经，取到真谛，真正把衡水"水市湖城"建设推向一个新的阶段，确保三年大变样的决胜年初步"变"出"新衡水"。

第二，全面启动新区建设，进一步拉大城市框架。这次学习考察的主要目的，是学习三市城市建设快推快进的实战经验。下一步，我们将按照"改造老城、拓展新城、打造湖区、扮靓景区"的思路，在加速旧城区改造提升的同时，全面启动南部新城区、湖东生态城建设，加速推进九州产业聚集区建设。

一是加紧完善城市区域规划。在已经完成的"水市湖城"空间战略规划布局和市区总体规划的基础上，坚持以河为脉、以路为轴，加快制定区域控制性详规和专项规划。并制订出台《加强规划管理与执法工作的实施意见》，严格规划审批，确保规划落实到位。

二是加快新区基础设施建设。着眼于围绕衡水湖拉大城市框架，衡水市将加大投入力度，全力推进城市新区基础设施建设。在水网建设上，重点围绕建设"一网六环（循环）"和"30河36湖"城市水网体系，开工建设董公河、吴公河、迎宾河等新城区河道综合整治工程和6个湖泊的扩挖引水工程；启动滏阳新河整治和湿地恢复工程、西湖地表水源地工程。在路网建设上，围绕打造"一网五环（环绕）"和"18路50桥"城市路网框架，加快推进中湖大道、迎宾大道、环湖公路、城北大道建设，开工衡井西线、冀衡大道和金三角新城区、湖东生态城、冀州城区"11横11纵"路网建设，启动西湖大道建设工程，实现"一湖两城"规划区路网全环通。

三是全力抓好城市的绿化美化。2010年，衡水市市委、市政府提出了创建省级"园林城市"的要求，重点围绕"三环九廊十八园"，突出生态性、多样性、通透性，下力抓好市区新改建道路、滏阳河沿岸以及衡水湖的绿化美化工作，增加城市绿量，提高绿化覆盖率。在种植14.6万株乔木、154.3万株灌木的基础上，在衡水湖区重点实施花卉种植"三个一"工程，即种植1000亩蝴蝶兰、10000亩玫瑰和10000亩荷花，并着力打造"三个精品园"，即100亩的蝴蝶兰精品园、1500亩的玫瑰精品园、396亩的荷花精品园，真正让衡水湖区成为花的"世界"、美的"海洋"。

第三，全面推进项目建设，大力发展现代产业。结合城镇面貌三年大变样工程，我们把2010年确定为"项目攻坚年"和"产业提升年"，坚持党政聚力抓项目，上下齐推促产业。在全力推进全市项目建设的同时，重点抓好衡水湖区总投资237亿元的56个基础设施和景区建设项目，全面启动"水市湖城"规划展览馆、董仲舒纪念馆、中国酒文化博物馆，国际会展论坛中心，衡水湖生态大剧院、滏阳楼等"十馆、一中心、一剧院、一名楼"建设工程，务求取得实质性进展。在此基础上，积极谋划推进湖区周边的产业布局，重点发展生物医药、现代物流、文化创意、绿色健康、现代生态观赏五大新兴产业，依托荣喜生物工程等项目打造生物科技园，发挥南部新城区的生态优势发展总部经济，力争让"水市湖城"成为绿色产业的高地、现代科技的前沿、产业调整的示范。

第四，创新工作举措，千方百计破解瓶颈制约。着眼于解决土地、资金等当前城市建设中的瓶颈制约，进一步深化政策研究，吃透国家在土地、项目、转变发展方式、调整经济结构等方面的政策，自觉主动进行对接，最大限度争取支持。

一是实推快进新民居建设。按照"一湖两城六组团"的近期发展思路，走规模发展、集中连片开发的路子，向集中要效益，向高度要收益，向规模要土地，以土地集约节约利用的最优化，实现经济和社会效益的最大化。具体推进中，按照"新民居集中建设、土地规模化经营、产业集聚发展"的思路，2010年重点围绕衡水湖、九州产业聚集区北区、迎宾大道"两片一线"区域，启动周边159个村的新民居建设。同时，结合产业规划，着力打造六大产业组团，既让群众生活环境真正得到改善，也让群众收入得到明显提高。

二是创新融资方式。进一步做大做强城建、交通、水务、土地、教育园区、企业改制六大融资平台，推进企业化、市场化运作，探索资源资产化、资产资本化、资本证券化的城建融资新路子。积极推进BT、BOT、土地置换、土地入股等方式，广泛吸纳社会资金、民间资金、银行资金投入到"水市湖城"建设中来。特别是要大力度推进土地一级开发，以市场化的办法，把"生地"变成"熟地"，把"净地"变成"金地"。

三是做好"借力"文章。要围绕衡水湖的保护与发展，探索打造经济发展方式转变的示范区、试验区，并努力上升为国家或省级战略，以示范区的建设，吸引全国的名企、大企落户衡水。要立足于生态观光园、湖东生物科技园等专业园区的发展，广泛吸引产业上下游企业入驻园区，真正把现代产业做大做强。

第五，强化干部作风建设，实推快进"水市湖城"建设。作风过硬的干部队伍，是快速推进"水市湖城"建设的重要保证。下一步要重点抓好四个方面。

一是实行重点项目"工程管理"。在现有的31个重点工程指挥部的基础上，根据工作需要，分产业、分项目、分工程，再组建一批由市级领导担任指挥长的重点工程指挥部，整合人力资源，调集精兵强将，强力攻坚克难，务求取得实效。

二是进一步转变工作作风。在2009年开展干部作风建设年活动的基础上，以"提高干部执行能力，推动科学超常发展"为主题，着力抓巩固提高、抓深化拓展、抓长效建制，进一步把干部作风建设引向深入。要继续推进"四分之一"工程，在全市上下真正形成比精神、比作风、比干劲、比贡献的氛围，力求通过作风的真正转变促使全市面貌的真正改变。要围绕提速提效，进一步规范和削减审批事项，全方位提升各级干部的全局观念、服务观念、效率观念、纪律观念，做到服务重心下移，服务环节前置，服务质量创优，努力打造更加优良的政务环境。

三是加强工作督查。加大对工作落实、工作效能、工作纪律等方面的督促检查力度，通过问责治庸、问廉治腐、问效治散，真正在全市上下形成内外齐推、上下齐动的良好局面。

四是完善考核机制。我们将围绕重头工作、重点工程真考实核，进一步完善考核办法，突出分类考评。并按照县市区、乡镇、企业等不同层面，分别制定完善考核办法。通过科学考核，考出实绩，核出高低，考核出推动科学超常发展的干劲和激情以及城市面貌的真正大变样。

坚持把城镇化作为经济社会发展的主动力

——湖北、湖南城镇化建设的特点和经验

2009年8月24日至30日，邢台市组成考察团赴湖北襄樊、黄石和湖南常德、衡阳、长沙、岳阳等六市，就项目建设、园区建设、城市建设与管理等工作进行了学习考察。通过学习考察，考察团感到，两省六市在抢抓当前发展机遇，创新完善保增长的政策措施，促进经济社会平稳较快发展方面确有许多独到之处。

一、五个特点

（一）经济发展速度快、后劲足

六市生产总值、财政收入、城乡居民收入等主要经济社会发展指标，均保持了较快的增长速度。2008年，六市生产总值增速均高于邢台市，经济实力最强的长沙市高于邢台市5个百分点。常德、岳阳两市人口都比邢台市少，但生产总值均突破了千亿元大关。衡阳、常德两市规模以上工业增加值增速高于邢台市10多个百分点。六市的城乡居民收入水平也高于邢台市，长沙市的城市居民人均可支配收入超过了18000元，长沙、衡阳两市的农民人均纯收入都超过了5000元。2009年1~7月份，面对金融危机的影响，襄樊、常德两市的城镇固定资产投资增速均在49%以上，高于邢台市5个百分点以上。

（二）城市建设亮点多、品位高

六市城市规划、建设、管理的水平普遍比较高，城市市容市貌整洁美观，绿化亮化特色鲜明，大部分市都获得了中国优秀旅游城市、国家园林城市、国家卫生城市等荣誉称号。常德市获得了3项"中国人居环境范例奖"。长沙市在湘江大道上，把破旧的码头、低矮密集的棚户区、污水横流的原湘江滨水区，改造成为了集防洪、截污、交通、景观休闲等为一体、惠民利民的景观带，从根本上改变了原来滨江一带"脏、乱、差"的生态环境。

（三）园区发展起点高、规模大

本次考察的六个市，基本上县县都有开发区或工业园区，且园区规模大、水平高，已成为地方经济的重要增长极。襄樊市有国家和省级开发区16家，共引进注册企业3000多家，其中襄樊高新区在全国56个国家级高新区综合排名中列第34位。黄石市按照100年不落后的标准规划园区，重点建设的黄金山工业园区总面积达到150平方公里。岳阳市经济开发区发展成为高新技术产业基地，正在申报国家级开发区；云溪精细化工园成为湖南省唯一精细化工产业基地；汨罗工业园列入国家循环经济试点；华容工业园成为湖南省重点纺织基地。

（四）项目建设力度大、成效好

六市在项目建设上，都制定了落实责任、严格奖惩、强化服务的一系列制度和措施，项目建设实现了超常规推进。衡阳市2009年1~7月份竣工的项目达到107个，是去年同期的1.68倍。襄樊市2009年1~7月份实施项目1393个，比2008年同期增加445个，其中新开工项目1122个，比2008年同期增加463个。黄石市精心组织实施150个、总投资667亿元的重点项目，通过倒排工期，强化调度，目前已累计完成投资150.1亿元，投资对整个经济增长的贡献率达到85.37%。

（五）工作推进速度快、执行力强

在重点工作的推进上，六市政府部门工作效率非常高，展示了非常强的执行力。襄樊市深圳工业园规划面积29平方公里，2008年4月20日奠基，当年开工建设，当年企业入驻，创造了襄樊的"深圳速度"。该工业园仅用一年时间就颇具规模，目前已有15个项目落户并开工建设，项目总投资26亿元；在我们参观时，该工业园到处都是繁忙的施工工地，到2009年底可完成一期8.5平方公里的建设任务。衡阳市湘江风光带的亮化工作只用一个月就全部完成，城市夜景非常亮丽，提升了城市品位。

二、六条经验

（一）把项目和城建作为当前阶段推进科学发展的着力点

常德、衡阳、岳阳等市从投资拉动型经济的发展阶段出发，顺应工业化、城市化加速的趋势，积极抢抓国家扩大投资的机遇，提出了许多明确的思路和要求。常德市提出"一直把项目抓到底"，把扩大投资和项目建设作为经济工作的首要任务，把20多个计划2010年开工的项目调整到2009年开工。衡阳市坚持"需要就是政策"的原则，做大做强了以市城建投资公司为主体的投融资平台，中心城区建设的融资工作取得了历史性的突破，在融资平台的建设、融资观念的转变、融资产品的创新、融资方式的调整等方面都实现了规范运转；强调"在抓机遇促发展的问题上，怎么说都不过分，怎么抓都是正确的"，要求各级各部门真心实意抓经济，全心全意抓发展，在解决企业发展的问题上，不能怕麻烦，不能怕困难，不能怕反复，不能怕犯错，要集中有限的力量，舍得花精力、舍得花人力、舍得花财力，来抓好经济社会发展。岳阳市引导市民从城市管理客体向城市管理主体转变，营造"人人都是管理者，个个都是责任人"的社会氛围。

（二）把创新项目建设利益分配机制和城市管理机制作为园区和城市发展的关键点

黄石市为充分调动各级政府招商引资的积极性，消除招商引资和项目建设过程中的行政壁垒和地域界限，促进园区、产业和经济一体化建设，按照"谁引资谁受益，谁投资谁受益"的原则，制定出台了《关于项目建设利益分配问题的实施意见》，通过税收利益分成，调动各个层次项目向园区集中的积极性。常德、衡阳两市按照权责利相匹配的原则，进一步明确了城区政府在城市管理工作中的主体地位和主导作用，市政府下放了相关职能和职权，实现了城市管理工作重心下移，让城区政府在城市管理中唱主角。

（三）把搭建融资平台作为破解城建资金难题的突破点

在城建资金方面，各市没有完全依靠财政投入，而是积极采用市场运作的办法，运用现代金融手段，通过建设融资平台，盘活城市资产，有效解决了城建资金困难。常德市组建了城建投、经建投两个融资平台，2009年上半年融资到位资金46.6亿元，计划全年完成融资120亿元。另外，在破解企业资金瓶颈方面，各市通过开展担保融资、发行企业债券、推动企业上市等方式解决融资难问题。襄樊市积极完善金融体系建设，先后引进了交通银行、中信银行等股份制银行；成立了襄樊市创新创业投资公司，引进上海福鑫集团投资控股襄樊市商业银行。岳阳市创新金融产品项目，大力推广应收账款抵押、退税权质押等金融新产品。

（四）把高起点、大手笔规划作为加快城镇化进程的牵引点

所考察的几市认为：城市是一个地方综合发展水平的标志，是区域经济增长的火车头。因此，围绕拉开城市框架、完善城镇体系、合理布局园区等，高站位、大投入地进行规划，城市的发展才会方向清晰、层次高。黄石市依托铁路、公路和长江黄金水道，实施"发展大产业，打造大园区，建设大城市"的发展目标，推进黄石与武汉城市圈的对接、老城区与新城区的对接、市区与周边县市的对接，对临近市区的150平方公里区域进行托管开发，统一规划建设，形成了大城市的发展态势。襄樊市先后聘请中国规划设计研究院、武汉理工大学设计院等国内知名设计单位，编制了高新区总体规划和土地利用规划，并编制完成了高新技术产业园、汽车工业园控制性详规；同时还聘请国家发改委产业经济研究院，为高新区编制了经济产业发展规划。衡阳市2006~2020年的土地利用总体规划，将城市面积拓展到240平方公里，"二江六岸"风光带规划采用国际招标，开阔了视野，更新了观念，提升了品位。岳阳市按照"规划一张图，审批一枝笔，全市一盘棋"的原则，撤销乡镇国土规划所，上收规划和国土审批权，强化了规划调控功能；对中心城区按140万人的目标进行远期城市总体规划修编，6个县城按照15~30万人的目标进行规划建设，对重点镇、普通建制镇分别按照不少于5万人、1万人的规模进行修编，形成了层次分明、规模适度、分工明确、布局合理的区域城镇规划体系。

（五）把引进世界级、国家级大企业大公司作为促进产业扩张升级的带动点

所考察几市的实践证明：引进一个龙头企业，往往能够带来一批配套厂家，形成一个产业集群。常德市强调"有央企的地方发展就快"，市领导多次带队到北京、上海、广州、长沙等地拜会国家有关部委、大型央企和大企业、大财团。襄樊市高新区着力引进汽车生产领域的龙头企业，已引进A08欧洲轻型客车、特种工程车、高档专用车等整车项目，加上已建成投产的天籁轿车、东风轻卡、旅行车和专用车，整车项目已达到7个，极大地带动了汽车零部件产业的发展。黄石市组建了39支招商小分队，积极开展友城结对、干部挂职、机构招商等新型招商模式，先后引进富士康、雨润、宝成、武汉重冶等一批世界500强、中国500强企业。

（六）把为企业和项目业主搞好服务作为政府部门履行职责的中心点

所考察的几市都把优化环境摆在了政府工作的突出位置，采取了一系列有力措施，成效非常明显。襄樊市提出产业第一、企业家老大、干部为企业当"保姆"，实施"阳光新政"，围绕把开发区建设成为投资政策最优、环境最好、服务最佳、成本最低、发展最快的现代化新区目标，进一步创造适应开发区发展的政策环境、体制环境和法制环境；该市高新区设立了证件代办服务部，明确了项目代办的内容、服务范围、服务职责、责任单位、组织领导及奖惩考核等，对进区企业各项手续实行全程代办，切实做到"放下就走，办好送去"，对确需企业自己办理的手续，由专人带领帮助办理。衡阳市提出，把为项目服务、为发展服务作为政府部门工作的明确目标，牢记两句话八个字"只设路标，不设路障"，建立了"进一道门办好，交规定费办成，在承诺日前办结"的行政审批模式。常德市开展了"企业服务年"活动，在全市确定了101家受金融危机影响较深，具有一定发展潜力的中小企业作为重点帮扶对象，由全体市级领导、100个部门的600多名干部参与，建立由市领导牵头、部门联系、干部入企的结对机制，为企业解决了一批实际困难。

三、六条建议

这次考察的六市，除长沙外都是与邢台市实力规模相近的中等城市，有的城市资源禀赋和总体实力还不如邢台市，但他们的发展速度之快，值得我们深思。对比邢台市与六市差距，主要有"三个相近"和"三个不同"：

一是发展阶段相近，发展理念不同。面对同样的发展任务和困难，六市的市场意识强，运用金融等现代经济手段熟，为企业提供服务的理念新；邢台市沿用传统的思维方式多，小农意识、"官本位"意识比较浓。

二是基础条件相近，发展态势不同。面对同样的结构升级、产业转型要求，六市通过引进产业龙头、延伸产业链条、实施产品创新，培育了科技含量高、附加值高的完整的产业体系；邢台市有的县市具有一定产业基础，但资源依赖度高、产业链条不够长，产业、产品升级没有大的突破。

三是工作重点相近，推动力度不同。面对项目建设、园区建设、招商引资、城市建设等同样的重点工作，六市的思路宽、职责明、力度大、作风硬；邢台市有的工作部署多落实少、开会安排多要账少、制定制度多真正追责少、优化环境讲得多较真少。

（一）以科学发展的理念和市场经济的思维方式抓城市建设

市场对于配置资源具有基础性作用。所考察几市正是市场意识强，研究市场规律深入，才有效盘活了资源，聚集了要素，实现了"无中生有"。因此，应教育和引导广大干部群众解放思想、转变观念，敢于和善于用无中生有的思维谋划发展。

一是把学习实践科学发展观活动的成果巩固好、运用好。邢台市前一阶段开展的学习实践活动，对各级干部的思想意识都产生了很大的触动，应对学习实践活动取得的成果进行认真总结，梳理出有价值的经验，使之转化为邢台市推进科学发展的实际举措。

二是提高干部、企业家和全社会的综合素质。开展好各个层次的学习教育培训活动，特别是要引导企业家多走出去开阔眼界，打破小农意识的束缚，培养敢闯敢干、勇创伟业的胆识和气魄。

三是营造抢抓机遇、大胆创新的氛围。目前，经济全球化和跨区域产业转移进程加快，国家为应对金融危机影响而实施的财政金融政策力度空前，我省推进城镇面貌三年大变样工作，全省上下支持拆迁、支持城建的良好氛围前所未有。因此，必须树立"抓机遇就是抓发展"的理念，打破惯性思维和条条框框的束缚，强化执行力，除法律法规有明令禁止的，一切都要围绕"怎么把事办成"来进行谋划和操作，多说"怎么办能行"，不强调"这不行那不行"，形成一种人人谋事、人人干事的发展氛围。

（二）围绕打造"百亿企业"和"千亿产业"上项目、抓招商

所考察的几个市给人以深刻印象的，就是通过引进世界500强企业、国内知名企业，建设一批大项目、好项目，带起一个或几个支柱产业，成为地方经济的强力支撑。因此，邢台市应明确提出打造"百亿企业、千亿产业"发展战略，做强现有企业，引进战略产业，促进全市经济的快速发展。建议在现有邢钢、德龙、晶龙三家销售收入超过100亿企业的基础上，再筛选7家左右综合实力强、技术水平高、发展潜力大的大型企业或成长型企业进行培育，争取2~3年内使邢台市销售收入超过100亿的企业达到10家以上；结合构建符合邢台实际现代产业体系的要求，抓好"3+1"产业规划的实施，到2012年形成装备制造、硅材料光伏、煤盐化工三个销售收入超过1000亿的产业。

一是成立专门班子予以推进。对每个重点产业和企业都成立专门的指导、协调和服务机构，由一名市级领导亲自挂帅负责，从相关部门抽调业务精干人员，搞好信息收集分析、规划衔接、审批手续办理等各项服务，对企业、产业发展情况及时调度，帮助企业解决实际困难。要在企业用地、投资、融资等方面研究出台支持政策，制定帮扶措施。

二是瞄准行业龙头和领军企业开展对接招商。根据邢台市产业发展规划，盯住世界500强和国内500强等大型企业，进行对接招商，争取500强企业落户邢台。尤其是要着力推进中钢邢机与华电风力发电整机项目、金后盾公司与中国重汽5万辆重卡项目、沙河电厂项目、盐化工项目等，力争尽早实施。

三是加强对项目建设的协调调度。落实好"月通报、双月调、季小结、半年一观摩、年终一评比、重大项目领导分包"等工作制度，强化重点项目调度，帮助解决用地指标、征地拆迁、煤电油运供应、施工环境等矛盾和困难。特别是对重点企业扩能、技改和产业升级的项目，要重点调度，倒排工期，确保项目顺利推进。

（三）按照一区一定位的原则打造特色产业园区

发展园区经济是实现科学发展的一种好形式，可以实现产业集群、要素集聚、土地集约，统筹推进工业化和城镇化协调发展。所考察的几市园区特色鲜明，层次较高，已成为地方经济的支撑。邢台市应切实加大园区工作力度，发挥好园区承载产业发展的作用。

一是树立"工业的发展关键在园区，园区的发展关键在定位"的意识。按照一区一策、一区一规、一区一班子、一区一特色的思路，依托园区产业基础，着眼于产业发展方向和政策要求，科学地进行园区定位，努力打造一批产业聚集度高、特色鲜明的高标准园区。

二是打造概念、加强宣传。对光伏产业基地、煤化工基地、桥西三个园区等应搞好设计论证，打造出特色鲜明的概念，利用各种渠道进行宣传推介，研究制定有关政策措施，增强对生产要素的影响力、吸引力。

三是研究政策、强化支持。依据不同园区的产业定位、发展基础，研究制定土地使用、利益分成等政策措施，促进企业向园区集中，园区向城镇集中。

四是完善功能、提升档次。现有的省级开发区和产业聚集区要加快完善功能，做大规模，提升档次，争取建成国家级开发区。其他各县市都要抓好园区谋划和建设，积极申报，争取有更多园区进入省级序列。

（四）靠搭建融资平台撬动城市建设

所考察的几市大部分财政收入都没有邢台市多，但城市建设得很漂亮，主要就是因为他们运用金融手段筹集了大量城建资金。邢台市的融资平台已经建立，框架已经形成，业务已经开展，下一步重点是拓展业务，向实处做、向大处做。

一是增强运用金融手段建设城市的意识。引导各级干部特别是领导干部打破过去的思维定式，完善经营城市的体制机制，用活用好宝贵的土地资源，善于借用银行的金融资本，"以土地换工程"，实现城市建设的突破。

二是进一步整合"四资"，把融资平台做大做实。打破职能交叉、资源分散、部门利益分割的限制，对政府所属的资产、资源、资金、资本进行整合，纳入融资平台统一调配使用，最大限度地发挥好政府资源的杠杆作用，吸纳更多的金融资本支持城市建设。

三是拓宽融资渠道，提升平台融资能力。学习借鉴外地在融资平台管理方面的有益经验，吸引业务素质高、专业能力强的高层人才加盟，提高融资平台的管理水平，不断拓展业务范围，发挥出最佳效益。

（五）以城镇面貌三年大变样为契机实现高起点规划、快速度建设、高水平管理

本次所考察的六个市，城市规划超前、设施完善，管理规范，环境美观整洁，令人赏心悦目，我们应认真学习借鉴，推动邢台市三年大变样工作取得新成效。

一是加快构建"一城五星"大城市框架。拉大城市框架、扩大城市容量，是几个城市的一个重要发展思路，有的已取得明显成效。邢台市应以规划为统领，抓紧"一城五星"统筹发展步伐，已确定的基础设施、福利保障统筹等措施要抓好落实，并认真研究下一步部署和措施。

二是打造一批精品城建工程。对主要道路、重要节点、标志性建筑等搞好形象设计，突出特色、提升品位，利用三年大变样的有利时机，加大推进力度，真正建成一批精品工程。

三是改革城市管理体制和机制实现重心下移。建议按照权责统一、注重实效的原则，进一步理顺城市管理体制和机制，坚持市级主导、重心下移、责权利对等统一，强化三区一县的管理职能。在城市管理资金使用上"一个口进、一个口出"，在新建基础设施移交上规范高效衔接，在城市管理工作流程上强化源头管理，实现管理全覆盖、无缝隙的目标。

（六）用"保姆"式的服务为企业发展创造良好环境

企业是市场主体，是社会财富的创造者，政府部门应树立当"保姆"的理念，把为企业搞好服务作为自己的天职，解决好服务不到位的问题。

一是开展为企业送服务活动。对一些发展势头较好，但面临现实困难的企业，建议由有关部门和干部进行分包帮扶，主动为企业送服务，在项目审批、土地征用、上市融资等方面为企业提供实实在在的帮助。在为招商引资企业搞好服务的同时，也要一视同仁地为现有企业搞好服务，对现有企业的扩张升级项目，要以同样甚至更加优惠的条件予以支持，促其做大、做强、做优。

二是发挥好中小企业担保机构的作用。加强中小企业担保中心建设，搞好中心与企业、金融机构的对接和协调，进一步加大承保力度，缓解企业的融资困难。

三是开展企业评部门活动。2009年，邢台市深入开展了干部作风建设年活动，取得了明显成效，但真正将这一成果巩固好，任务还很艰巨。建议在全市开展企业评议部门和干部的活动，征求企业意见，对部门履行职责情况进行更好的监督，促进部门作风进一步转变，创造在全省行政成本最低、办事效率最高、服务质量最好的发展环境。

对标先进谋划城市发展定位

——南京迈向建设现代化国际性人文绿都的经验

　　2010年5月4日至5日，郭大建市长率邯郸市政府考察团，赴南京就城市建设、管理、规划和投融资等进行实地考察，并与南京市政府有关负责人及城建系统部门和单位进行座谈。考察团参观了南京市规划建设展览馆，实地考察了具有南京生态之肺美称的中山陵景区综合整治工程和南京市标志性景观外秦淮河综合整治工程，参观了南京奥体中心、河西新区博览中心、中央公园、CBD商务区，考察了南京地铁建设及营运情况。期间，考察团听取了南京市政府及相关部门关于南京市综合发展情况及城市建设、城市管理、投融资平台建设等情况的介绍。并就加快城市投融资体制改革、强化城市管理、改造旧城区等具体问题进行了深入的交流与座谈。

　　南京市现代化的都市气派、完善的绿网体系、雄厚的产业基础、便利的交通网络、亮丽的住宅小区、发达的服务设施、超前的规划理念、强劲的发展后劲，给考察团留下了深刻印象。

一、南京城市建设的基本经验

　　一是城市发展理念新，思路清。南京明确了现代化国际性人文绿都的战略定位，确立了推进转型发展、创新发展、跨越发展"三个发展"战略。到2012年，地区生产总值要突破6000亿元，地方一般预算收入突破600亿元；到2015年，地区生产总值要突破1万亿元，地方一般预算收入要突破1000亿元。

二是城市规划起点高，手笔大。南京把规划作为城市发展的第一资源，邀请世界一流的专家团队，将南京城市规划水平提高到国际水准，将南京山水城林、江河湖泉的自然禀赋通过规划充分体现出来，融入到城市建设的进程中。同时，既重视市区的用地布局，又考虑了区域的城镇布局。建筑面积23000余平方米的规划展览馆，以现代化的科技手段展示了一个充满经济活力、富有人文特色、人与自然和谐共生的未来大南京。

三是城市建设气魄大，投入多。南京城市建设每年的投资在300亿元以上，2009年投资达438亿元。环城路以内的71个城中村从2006~2008年间基本改造完成。南京奥体中心投资约40亿元，占地1400余亩，拥有6个单体场馆、2个中心，可同时容纳8.7万人。今后三年仅在城市的提升和管理上就计划投资1200多亿元，涉及1000多个项目。南京市大胆突破现有思维，积极创新举措，有效破解了建设融资和城市管理等难题。在融资方面，整合资源，组建城建集团，担负投资融资、资产保值和运营保供三大职能，坚持多元化融资、市场化运作，通过银行贷款、信托融资、国际金融合作、市政设施资产证券化等途径，7年来累计融资800亿元。

四是城市管理标准严，品位高。在市容市貌上，突出了区级政府的管理作用，实现了网格化数字管理。在生态水系打造上，从2002年开始筹资30多亿元，实施了外秦淮河整治，整治内容包括水利、环保、景观、路网、安居五大工程，护坡获得加固和美化、两岸棚屋全部拆除、污水全部进入截污管道、污染企业搬离、两岸修建生态护坡和湿地公园，使秦淮河从昔日的"龙须沟"变成了今天"美丽的河、流动的河、繁华的河"。在景观整治上，2004年将中山陵风景区综合整治工程列入了当年的重点项目，投资超过40亿元，13个自然村、9个居民片区的1万余居民搬离，30余家大型工企单位撤出，新增绿地7000余亩，是紫金山景区建设史上最大规模的生态修复。河西中央公园地面绿化面积10万平方米，人工湖5000平方米，地下是人防工程，同时可停车数千辆。在城市特色塑造上，通过明城墙、朝天宫、瞻园、大报恩寺等一系列精品工程的建设，打造历史文化名城保护的典范之作。

南京市通过推进城市建设，不仅改善了人居环境、增强了承载能力、完善了城市功能，而且有力提升了城市的活力、实力和竞争力。2009年，该市地区生产总值达到4230亿元，全部财政收入完成901.15亿元，其中地方一般预算收入完成434.51亿元。

二、几点感想和体会

南京、盐城的做法气魄大、措施硬、效果好，我们深受启发，更加坚定了加快城镇化步伐、建设现代化邯郸的信心和决心。

第一，实现"今年看邯郸"目标，思想还需进一步解放。思想的落后是最大的落后。正如郭大建市长讲的那样，我们思想解放的程度还不够，个别部门和单位遇到问题找借口，满足于眼前的成绩，满足于小打小闹，观念不够新，决心不够大。我们与先进城市相比落后了，如果思想再不解放，不能跳出邯郸看邯郸，置身全国看邯郸，就难以实现大变样。因此，要认真学习借鉴南京、盐城的经验做法，进一步打开解放思想的总阀门，努力提高邯郸城建的标准和水平。

第二，推进城镇面貌大变样、快变样，必须更加自觉地强化机遇意识，珍惜当前的大好形势。南京抓住了承办"三城会"、第六届世界华商大会、第四界城市论坛，承办十运会、青奥会等重要历史机遇，开展了大规模的城市建设。当前，我们也正面临着省委、省政府推进三年大变样的难得机遇，必须紧紧抓住这个机遇，乘势而上，顺势而为，保持来之不易的好的工作势头，推进邯郸市城市建设大提速。

第三，促进城市更好更快发展，必须更加注重创新思路举措、破解瓶颈制约。郭大建市长多次在调度三年大变样工作中讲到，没有做不到，只有想不到，只要想就会出思路，出办法，见成效。南京的做法无不体现了这一点。我们无论是在融资上、土地收储上还是在其他方面，都缺乏超前的眼光、开放的思维、市场的办法、创新的举措，都没有突破固有的思维束缚。因此，我们必须向南京那样，力求在规划设计、融资、土地等关键问题上有大的突破。否则，就很难走出一条新路子、干出一番新成绩。

第四，提高城市管理水平，要更加强化精细化管理意识，建立起科学高效的管理机制。南京实施了"净、畅、美"三大工程，2010年又提出了以提升市容环境、提升功能品质、提升人居质量为主要内容的"三个提升"行动计划，建立了"天天要干净"的环卫保洁运行、六位一体的管理责任和城管难点顽症破解机制，整个城市容貌亮丽整洁。而我们在一些主要干道还存在着乱摆乱挂、乱贴乱画、乱停乱放等现象，群众反映比较强烈。因此，我们要学习南京，在城市管理的思路、措施和体制改革上进一步创新和抓好落实，切实从根本上解决这些问题，着力提升城市的科学管理水平。

三、下一步工作建议

学习借鉴南京、盐城城市建设的经验，结合当前邯郸市"三年大变样"工作实际，提出如下建议：

（一）以"两加一提高"活动为载体，强力推进"三年大变样"工作

邯郸市"三年大变样"工作虽然取得了明显的阶段性成效，但距"三年大变样，今年看邯郸"的总体目标要求还有一定的差距，还存在力度不够大，进度不够快，水平、质量和品位不够高的问题。为此，要在全市开展"两加一提高"活动，即加大工作力度，加快建设速度，提高城市建设的质量、品位和水平。这是邯郸市兑现"三年大变样，今年看邯郸"承诺的现实选择，也是邯郸市适应新形势，谋求新突破的必由之路。一定要进一步强化工作措施，严格工作标准，明确时限要求，强化督导调度，再掀三年大变样工作的新高潮。

（二）在整体推进的基础上，再筛选确定和集中突破一批国庆献礼项目，确保全年任务的完成

邯郸市"三年大变样"办公室围绕省里目标和邯郸市提出的"今年看邯郸"的总体要求，已列出了城中村改造、基础设施建设、重点区域拆迁、重要景观节点、道路绿化、生态水系、公园升级改造、城市广场建设、既有建筑包装和亮化等9个方面71项城建重点项目的单子。要从中明确一批国庆献礼工程和年内竣工项目，把任务落实到项目，把责任落实到干部，集中时间、人力和财力，以只争朝夕、时不我待的精神，拒绝理由，强力推进，确保按期圆满完成，全面加快"三年大变样"的形象建设进度，进一步提升城市的功能和品位。

（三）面向全国公开招聘一批高水平的规划、建设、管理人才和业务专业人才

邯郸市规划建设人员的素质和能力，决定城市建设的品位和水平。要高水平地建设我们的城市，高质量地完成三年大变样的各项工作任务，就必须打造一支较高素质的城建工作队伍。要内强素质，外引人才，在全国范围内公开招聘高层次的规划、设计、建筑、工程、管理人才。一方面，要选拔一批科班出身、懂技术、善管理的优秀人才进入市直城建部门的领导班子，强化对城市规划、建设、管理的领导，优化班子结构；同时，招聘一批专业对口、业务娴熟、实践经验丰富的具体工作人员，特别要引进一批总设计师、总规划师、总工程师，进一步提升邯郸市城市规划、建设、管理的整体水平。建议邯郸市组织和人事劳动部门结合市规划、建设、城管执法等部门拿出公开招聘的意见，经市委、市政府研究同意后付诸实施。

（四）进一步发挥规划的引领和龙头作用，尽快建成一个与邯郸地位相匹配的城市规划建设展览馆

南京城市建设成效明显，得益于对规划的高度重视，得益于高水平的规划体系起到的引导和控制作用。南京城市规划建设展览馆的大体量、高科技含量、高规划水平也从一个侧面体现了规划的重要地位和发挥的重要作用。借鉴南京经验，邯郸市应进一步加强规划工作，完善提升邯郸市空间发展战略规划和控制性详细规划，对于重大项目和重点区域节点建设，要聘请高水平的规划单位进行规划设计，确保建设一批几十年不落后，经得起历史和群众检验的标志性建筑和精品工程。要选择最好的地方建设邯郸市的规划建设展览馆，这既是展现邯郸市形象的窗口，又是让市民参与城市规划建设的重要平台，也是三年大变样必须完成的刚性指标之一。目前，正在请规划部门进行论证，并召开听证会征求广大市民、人大代表和政协委员意见，拿出方案后提交市有关会议进行研究。

（五）在推进旧改工作中应多措并举，综合施策

充分借鉴南京、郑州在旧改方面的好经验、好做法，完善利益分配机制，充分调动各级各有关单位和开发业主的积极性，适合走旧改的走旧改，适合走净地出让的走净地出让，一事一议，不搞一刀切，进一步加快邯郸市旧改工作步伐。郭大建市长南京考察回来，就带领有关部门调研主城区三年大变样工作，并对20余个项目进行了现场办公，提出了明确要求。

（六）继续加大城建招商引资力度，抓好已签约项目的跟踪履约

要继续按照面向全省、全国、全世界"三个面向"，开放规划、投资、建设、开发"四个开放"的要求，更多地引进大集团、大公司等战略投资者参与邯郸市城市建设，提升建设质量和水平，尤其是要大力吸引民间投资，实施市场化运作，建立互利双赢合作机制，推进邯郸市城市建设。建议进一步加大邯郸市城建招商引资力度，在更宽领域、更高层次推介项目，引进投资，加强合作。同时，也要加大对近两年来邯郸市在北京、香港等城市招商洽谈会上所签订意向的跟踪问效，确保更多的签约落到实处，更多有实力、高水平的开发企业到邯郸市投资创业。

（七）进一步健全重点项目指挥推进体系

南京市对于城市重大项目和重点区片建设采取一个项目一个推进指挥部的做法，明确每个指挥部由市级领导为组长，相关县（区）的县（区）委书记、县（区）长为副组长，市直部门的负责同志为成员，一个项目一个班子、一套人马，对项目全权负责，一包到底，权责统一，奖罚分明。建议邯郸市对重大项目建设和重要节点、区片的打造也参照此做法，一个项目一个专项组织机构，签订责任状，全力组织推进，确保完成。对既有建筑包装改造、亮化、绿化等重点工作，也要按照既定要求细化分解任务，落实到每一个责任单位，特别是相关县（市、区）都要和建设责任单位一把手签订目标责任状，市区同责、市县同责，压死责任，跟踪问效，确保任务按时高质量完成。

（八）做大做优投融资平台，拓宽城市建设的投融资渠道

从南京、盐城等城市建设的实践来看，城市的投融资平台为城市的加快建设与发展提供了强有力的资金保障。邯郸市城投、建投、交投等融资平台虽然在城市建设中发挥了重要作用，但资金瓶颈制约仍还没有得到明显缓解。为此，借鉴先进城市的做法，建议将邯郸市的建设、城管、公用等国有资产进行整合，整体注入市城投公司，进一步壮大城投公司实力，提高担保能力，扩大担保规模，为邯郸市"三年大变样"和城镇化发展提供有力的资金保障。

图书在版编目(CIP)数据

　　四海揽秀：河北省城镇面貌三年大变样省外经验借
鉴/河北省城镇面貌三年大变样工作领导小组,河北省
新闻出版局编.—石家庄:河北人民出版社,2011.8
　　(河北走向新型城镇化的实践与探索丛书)
　　ISBN 978-7-202-05892-3

　　Ⅰ.①四… Ⅱ.①河…②河… Ⅲ.①城市建设-经验-
河北省②城市管理-经验-河北省 Ⅳ.①F299.272.2

　　中国版本图书馆 CIP 数据核字(2011)第 064670 号

丛　书　名	河北走向新型城镇化的实践与探索丛书	
书　　　名	**四海揽秀**	
	——河北省城镇面貌三年大变样省外经验借鉴	
主　　　编	河北省城镇面貌三年大变样工作领导小组	
	河北省新闻出版局	
责任编辑	宋　佳　王　颖	
美术编辑	于艳红	
责任校对	余尚敏	
出版发行	河北出版传媒集团公司　河北人民出版社	
	(石家庄市友谊北大街330号)	
印　　刷	河北新华联合印刷有限公司	
开　　本	787 毫米×1092 毫米　1/16	
印　　张	10.25	
字　　数	145 000	
版　　次	2011 年 8 月第 1 版　　2011 年 8 月第 1 次印刷	
书　　号	ISBN 978-7-202-05892-3/C·219	
定　　价	52.00 元	